Karin Kanz

Anders Hallgren
Lehrbuch der Hundesprache

Anders Hallgren

# Lehrbuch der Hundesprache

Mit dem Hund auf Du und Du

4. Auflage

Verlagshaus Reutlingen · Oertel + Spörer

**Haftungsausschluss**
Die Hinweise in diesem Buch stammen vom Autor. Es können jedoch keinerlei Garantien übernommen werden. Eine Haftung des Autors bzw. des Verlages und seiner Beauftragten für Personen-, Sach- und Vermögensschäden ist ausgeschlossen.

Übersetzung von Christiane Müller, Achern

Umschlagbild: Ermo Lehari, Reutlingen
Sämtliche Farbbilder stammen von Christiane Müller,
sofern der Fotograf im Bildtext nicht eigens genannt wird.
Zeichnungen: Marianne Gustafsson
Schwarzweißabbildungen:
Ingemar Berling, Pressefoto: Seite 52.
Harry Börner: Seite 71 unten.
Urban Domej: Seite 30.
Marianne Gustafsson: Seite 19, 32, 40, 51 oben, 59, 63, 67, 68 oben, 70, 71 oben, 108.
Anders Hallgren: Seite 77 oben.
Charles Hammarsten: Seite 44.
Marie Hansson: Seite 17, 37, 61, 66, 134, 137, 139, 146, 151.
Anders Jahrner: Seite 165.
Ermo Lehari: Seite 73.
Christiane Müller: Seite 14, 36, 56, 95 unten.
Eivor Rasehorn: Seite 20, 27, 31, 41, 45, 50, 51 unten, 68 unten, 72, 75, 77 unten, 94, 95 oben, 104, 109, 113.
Walt Disney Productions: Seite 143.
Vargruppen: Seite 64.
Okänd fotograf: Seite 29, 58.

Die Deutsche Bibliothek – CIP-Einheitsaufnahme
**Hallgren, Anders:**
Lehrbuch der Hundesprache : mit dem Hund auf Du und Du / von Anders Hallgren. [Übers. von Christiane Müller]. – 4. Aufl. – Reutlingen :
Verl.-Haus Reutlingen Oertel und Spörer, 2001.
Einheitssacht. : Lexikon i hundspråk <dt.>
ISBN 3-88627-805-0

© Copyright: Anders Hallgren, Schweden, 1986
Titel der Originalausgabe: Lexikon i hundspråk
© Verlagshaus Reutlingen · Oertel + Spörer · 2001
Postfach 16 42, D-72706 Reutlingen
1. Auflage 1992 · 2. Auflage 1994 · 3. Auflage 1995 · 4. Auflage 2001
Alle Rechte vorbehalten
Schrift: 12/14 p Stone Sans Serif
Satz und Druck: Oertel + Spörer, Reutlingen
Einband: Realwerk G. Lachenmaier, Reutlingen
Printed in Germany
ISBN 3-88627-805-0

# Geleitwort

„Mein Hund versteht jedes Wort. Er weiß genau, dass er das nicht darf!"
„Du blöder Köter! Ich habe dir schon hundertmal gesagt, du sollst endlich still sein! Sieh nur, wie brav der andere Hund ist!"
Kennen Sie solche oder ähnliche Sätze? Vielleicht haben Sie sich schon selbst einmal in diesem Stil mit Ihrem Hund unterhalten? Aber sicher haben Sie diese Form einer Kontaktaufnahme mit dem Hund bereits bei einem Hundebesitzer gehört. Ganz selbstverständlich reden wir mit unseren Hunden in unserer menschlichen Sprache. Hunde sind uns so vertraut, dass wir uns eigentlich kaum noch darum kümmern, welche grundlegenden Bedürfnisse diese Tierart hat.

Wir nehmen die Freude unserer Hunde bei der Begrüßung als ganz selbstverständlich hin und bezeichnen sein Bedürfnis, an unser Gesicht zu gelangen, um das Begrüßungszeremoniell zu vollenden, als Unart.

Unsere Hunde leben in einer Welt der Gerüche. Wie unverständlich muss es daher für sie sein, wenn wir die wichtige anal-genitale Kontrolle bei der Begrüßung anderer Hunde durch „Pfuigeschrei" oder Ähnliches unterbinden wollen.

Es ist sinnvoll und notwendig, dass wir immer wieder versuchen, die Position eines Beobachters einzunehmen, um herauszufinden, was er uns mitteilen will. Verstehen wir erst einmal seine Sprache, wird es uns leichter fallen, sein Verhalten zu verstehen und ihm auch unsere Wünsche mitzuteilen.

Bevor man von einem „falschen Hund" spricht, bedarf es einer sehr genauen Untersuchung, ob es sich nicht doch nur um einen „falsch verstandenen" Hund handelt. Dieses Wissen möchte uns Anders Hallgren mit seinem Buch mitteilen.

Anders Hallgren ist seit fast 40 Jahren in Schweden als Hundepsychologe und Trainer tätig. Er ist graduierter Psychologe der Universität Stockholm und hat sich als erster Psychologe ausschließlich der angewandten Hundepsychologie gewidmet.

Christiane Müller

# Vorwort zur 2. Auflage

Seit 30 Jahren arbeite ich mit Problemhunden und deren Besitzern. Dabei habe ich gelernt, dass die häufigste Ursache für ungewöhnliches Verhalten von Hunden das Unvermögen der Menschen ist, die Sprache der Hunde zu verstehen.

Daher ist es so wichtig für Hundebesitzer, Signale, die Hunde unter sich verwenden, zu kennen und zu verstehen. So bedeutet ein Knurren nur höchst selten: „Ich greife gleich an." Gewöhnlich bedeutet es einfach: „Ich habe Angst." Doch wir missverstehen diese Lautäußerung meist völlig und bestrafen gar noch den Hund für seine Angst.

Seinen vierbeinigen Freund zu lieben und gut für ihn zu sorgen heißt also auch ihn zu verstehen und seine Sprache zu sprechen.

Ich freue mich, dass dieses Buch bereits in mehreren Ländern erscheinen konnte, denn das ist für mich ein Zeichen, dass es viele Hundebesitzer gibt, die wirklich gut für ihre Hunde sorgen wollen.

Vagnhärad, im Mai 1994                                          Anders Hallgren

# Vorwort zur 1. Auflage

In der Schule lernen wir Englisch, Deutsch und Französisch. Wir bemühen uns, Ausländer zu verstehen und uns ihnen gegenüber verständlich zu machen. Viele lernen Fremdsprachen in Abendkursen und in Fernlehrgängen. Wir sind an der Kommunikation mit anderen interessiert.

Aber es gibt eine Sprache, in der wir nicht besonders gewandt sind: die Hundesprache. Obwohl wir seit etwa zehntausend Jahren mit Hunden zusammenleben, verstehen wir nur ganz wenig von dem, was sie uns mitteilen wollen. Wir missverstehen viele wichtige Informationen selbst unseres eigenen Hundes. Versuchen wir selbst, in der Hundesprache zu reden, sind wir sehr unbeholfen. Wir machen unseren Hunden häufig falsche Mitteilungen. Viele Hunde haben Angst vor fremden Personen, nur weil diese ihnen falsche Informationen vermitteln.

Seit Tausenden von Jahren also leben Mensch und Hund zusammen. Die Freude, die wir aneinander haben, können wir gar nicht messen. Doch leider kommt es immer wieder zu Missverständnissen. Das „Lehrbuch der Hundesprache" will Ihnen ein Führer zum besseren Verstehen Ihres Hundes und der alltäglichen Verständigung mit ihm sein. Es wird Ihnen auch im Umgang mit anderen Hunden hilfreich sein, die Ihnen im Laufe Ihres Lebens noch begegnen werden.

Vagnhärad, im Februar 1992      Anders Hallgren

# Inhalt

Geleitwort .................................................. V
Vorwort zur 2. Auflage ................................... VI

**Kapitel 1   Ein Hund hat uns so viel zu sagen** ............ 13

Wir kommunizieren mit Worten .......................... 13
... und die Hunde mit Körpersignalen ..................... 15
Die Sprache der Wölfe – optimal für ihre Gattung ............ 16
Reden – nicht beißen ..................................... 17
Die Körpersprache des Menschen ........................ 18
Das Lesen von Körpersignalen ............................ 18
Hunde „lesen" die Menschen ............................. 21
Prüfen Sie Ihre eigene Körpersprache ..................... 22
   Seien Sie vorsichtig beim Herbeirufen .................. 23
   Wenn Sie zu einem Hund hingehen .................... 24
   Eine spannende Sprache .............................. 24

**Kapitel 2   Hunde sprechen auf viele Arten** ............... 25

Körpersprache und Bewegung ............................ 26
Der Laut .................................................. 27
Duftsignale ............................................... 29
Die Berührung ........................................... 30

**Kapitel 3   Körpersprache** ................................ 33

Körperhaltung ............................................ 33
   Bürste ................................................ 34
   Farben ................................................ 35
   Das Kriechen ......................................... 39
   Gewichtsverteilung ................................... 39
   Der Nacken ........................................... 40

| | |
|---|---|
| Die Richtung und der Winkel des Kopfes | 41 |
| Das Hinwenden und Wegwenden | 42 |
| Der Pelzkragen | 45 |
| Die Sprache des Schwanzes | 47 |
| Lecken | 47 |
| Der Schnauzenstoß | 50 |
| Das Aufheben der Pfoten | 53 |
| Scharren | 53 |
| Zeigen und Vorstehen | 54 |
| Interessenmarkierung | 55 |
| Bewegung und Bewegungsrichtung | 56 |
| Die Mimik | 60 |
| Ein Zentrum der Kommunikation | 61 |
| Das Gesicht | 62 |
| Farben | 64 |
| Der einfarbige Hund | 65 |
| Die Augen | 66 |
| Die Umgebung der Augen | 69 |
| Die Ohren | 75 |
| Die Schnauze | 76 |

| | |
|---|---|
| **Kapitel 4  Lautsprache** | 79 |
| Heulen | 79 |
|   Zeigen des Reviers | 80 |
|   Zusammenhalt | 81 |
|   Zusammenrufen | 82 |
|   Gegenseitiges Stimulieren | 83 |
|   Einsamkeit | 84 |
|   Übung macht den Meister | 84 |
| Bellen | 85 |
|   Das Erregen von Aufmerksamkeit | 86 |
|   Vor Gefahr warnen | 87 |
|   Probleme durch das Bellen | 87 |
|   Bellen bedeutet „Alarm" | 88 |
|   Verschiedene Möglichkeiten, keine Aufmerksamkeit zu erregen | 91 |
|   Wie man an einen Knochen kommt | 92 |

| | |
|---|---|
| Erpressung | 93 |
| Aufforderung zum Spiel | 94 |
| Drohendes Bellen | 96 |
| Jagd und Verfolgung | 96 |
| Knurren | 97 |
|    Das Bewachen der Mahlzeit | 99 |
|    Das drohende Knurren | 101 |
| Winseln und Kläffen | 101 |
| Schreien | 102 |
| Brüllen | 103 |
| Niesen und Schnauben | 105 |
| Seufzen | 106 |
| Hunde erfassen die Tonhöhe | 106 |

## Kapitel 5   Berührung    108

| | |
|---|---|
| Pflege | 110 |
| Sex | 112 |
| Spiel | 112 |
| Die unfreundliche Berührung | 114 |
| Vermeidung der Berührung, wenn der Hund angespannt ist | 115 |
| Das Berühren fremder Hunde | 116 |
| Das Zuwenden des Hinterteils | 116 |
| Hormonelle Einwirkungen | 117 |

## Kapitel 6   Duftsprache    119

| | |
|---|---|
| Urinmarkierung | 119 |
|    Reviermarkierung? | 121 |
|    Das Markieren an hohen Stellen | 123 |
|    Kleines Pinkeln bei der Begrüßung | 123 |
|    Das Bedürfnis, sich mitzuteilen | 126 |
|    Läufigkeit | 126 |
|    Das Beinheben bei Fremden | 127 |
|    Das Interesse bei Rüden und Hündinnen | 128 |
|    Das Beinheben bei Rüden und Hündinnen | 128 |
|    Scharren nach dem Markieren | 128 |

| | |
|---|---|
| Kot | 129 |
|    Im Geruch wälzen | 131 |
| Duftdrüsen | 132 |

## Kapitel 7   Menschen – Hunde – Sprache    133

| | |
|---|---|
| Beißhemmung | 133 |
| Rangordnung | 135 |
| Der strafende Mensch | 140 |
| Missverstandene Dominanz | 142 |
| Ein interessantes Forschungsergebnis | 143 |
| Eine neue Bedeutung der „Dominanz" | 144 |
| Sollen wir keine Führer sein? | 145 |
| Dem Hund die Leviten lesen | 145 |
| Aggressionshemmende Signale bei dominanten Tieren | 147 |
|    Gähnen | 147 |
|    Ablenkungsmanöver: Schnüffeln und Bellen | 149 |
|    Sich kratzen | 149 |
| Unterwerfung | 150 |
|    Sich kleiner machen | 150 |
|    Lecken | 152 |
|    Winseln und Kläffen | 152 |
|    Das Heben der Pfote | 153 |
|    Sich auf den Rücken legen | 154 |
|    Der Gesichtsausdruck | 155 |
|    Das „Welpenschema" | 155 |
|    Können sich Hunde schämen? | 156 |
|    Kann ein Hund eifersüchtig sein? | 158 |
| Menschenscheue Hunde sind selten wirklich scheu | 160 |
|    Kontaktaufnahme mit einem ängstlichen Hund | 161 |
|    Woran erkennt ein Hund, ob ein Mensch vor ihm Angst hat? | 162 |
|    Begrüßungstraining für signalempfindliche Hunde | 164 |
| Stress und Krankheit beeinträchtigen die Hundesprache | 168 |
| Literatur | 170 |

# Das Kapitel 1: Ein Hund hat uns so viel zu sagen

Hunde haben eine gut entwickelte und reiche Sprache. Sie haben dadurch vielfältige Möglichkeiten, untereinander Botschaften auszutauschen. Sie erzählen sich wesentlich mehr, als man bislang glaubte. Ein Hund kann mit Leichtigkeit einen anderen Hund zu einer Beißerei herausfordern oder dafür sorgen, dass keine Beißerei entsteht. Er kann einem anderen Hund erklären, dass er an einer Kontaktaufnahme interessiert ist oder dass dieser lieber Abstand halten soll. Er kann einem anderen Hund auch zeigen, dass er etwas sehr Interessantes gefunden hat.

Die gleiche Sprache, die die Hunde untereinander gebrauchen, verwenden sie auch gegenüber dem Menschen. Es ist der wedelnde Schwanz, das Bellen, das Knurren und anderes mehr. Während unsere Hunde aber instinktiv ihre eigene, angeborene Sprache sowohl sprechen als auch verstehen können, müssen wir Menschen sie Schritt für Schritt erlernen.

## Wir kommunizieren mit Worten...

Unsere Sprache besteht vor allem aus Worten. Sie sind eine Art von Symbolen. Das macht den Gebrauch etwas kompliziert, da die Symbole und ihre Anordnungen unterschiedliche Bedeutungen bei verschiedenen Personen haben können. Als

*Hunde reden meistens durch Körpersignale miteinander.*

Beispiel sei das Wort „nervös" herausgegriffen. Für viele bedeutet dies „ängstlich", für andere „unruhig". Manche deuten es als „schreckhaft", andere als ein Zeichen der psychischen Schwäche.

Außerdem muss die Reihenfolge gelernt werden. Wir Menschen lernen die Bedeutung von vielen Worten. Dagegen kann ein Hund nur von ganz wenigen die Bedeutung lernen. Es können gravierende Fehldeutungen entstehen, wenn wir glauben, dass ein Hund die Bedeutung verschiedener Worte, wie sie tatsächlich ist, verstünde. Hunde hören mehr auf den Tonfall in unserer Stimme als auf die Reihenfolge der Wörter.

Selbst Worte, die vollkommen gleich lautend sind, kann ein Hund jedoch unterscheiden, wenn sie in unterschiedlichem

Tonfall gesprochen werden. Mit unserer Umgangssprache können ja auch wir einander täuschen und Dinge sagen, die nicht wahr sind. Die Worte selbst lassen ja nicht erkennen, ob sie die Wahrheit oder die Lüge vertreten. Aber wenn man den Redner sehr genau beobachtet, kann man an seiner Körpersprache normalerweise erkennen, ob das, was man hört, wahr ist oder nicht.

Die Sprache der Worte ist auch arm an Symbolen für Gefühle. Es gibt nur wenige und ausdrucksschwache Wörter, die unsere Gefühle vermitteln sollen. Was drücken eigentlich Worte wie Glück, Ärger, Zorn oder Angst aus, verglichen mit all diesen Grimassen und Gebärden, die wir verwenden, um unsere Stimmung mitzuteilen?

## … und die Hunde mit Körpersignalen

Die Hunde gebrauchen eine sehr direkte Sprache, die keine Symbole kennt. Sie drücken genau – ohne Umschreibung – ihre Gefühle und ihren Willen aus. Hierzu werden die Stimme, die Körperstellung, die Mimik, die Bewegung, der Geruch und die Berührung verwendet. Kein Signal hat mehr als eine Bedeutung, und sie können nicht betrügen. Das können sie einfach nicht, sie sind immer ehrlich.

Die Hundesprache ist eine „Sprache der Gefühle". Mit den Körpersignalen, dem Laut und allen anderen Ausdrucksweisen drückt der Hund seine augenblicklichen Gefühle aus. Unsere Sprache, mit diesen vielen Worten und den geringen Empfindungen, versteht er anders. Deshalb bekommen wir leicht Probleme, wenn wir versuchen zu entscheiden, was ein Hund meint. Das entspricht in etwa dem Versuch, eine Sprache aus einer anderen Welt zu verstehen. Deshalb müssen wir diese „fremde Sprache" studieren und ihre Grammatik und ihre

Bedeutung lernen, sonst werden Missverständnisse und Probleme unvermeidlich bleiben.

## Die Sprache der Wölfe – optimal für ihre Gattung

Dank ihrer Sprache können die Angehörigen der Hundefamilie – so zum Beispiel die Wölfe – in Familien und Rudeln leben und einander nützlich sein. Ein Rudel ist ja keine Versammlung von Tieren, die untereinander keinen Kontakt haben, im Gegenteil. Deren Überleben ist ja gerade davon abhängig, dass sie miteinander kommunizieren – beispielsweise bei der Jagd. Sie können einander eine ganze Menge von einem Beutetier oder voneinander erzählen und damit die Erfolgschance vergrößern. Ein Blick kann bedeuten, d a s s ein Beutetier in der Nähe ist. Eine steife und ganz aufmerksame Körperhaltung, die sich auf eine bestimmte Stelle richtet, kann zeigen, w o eine Beute ist.

Ein Signal mit dem Schwanz kann bedeuten, dass im nächsten Augenblick ein Angriff bevorsteht. Wenn ein Beutetier zu großen Widerstand leistet, kann ein spezieller Blick bedeuten, dass der Angriff abgebrochen werden soll.

Im Umgang miteinander demonstrieren sie sich ihre gegenseitige Freundschaft oder Feindschaft deutlich. Mit ihren Signalen können sie einander auffordern, näher zu kommen oder Abstand zu halten.

*Der Wolf ist so gebaut, dass er mit anderen kommunizieren kann.*

## Reden – nicht beißen

Hunde haben unerhört kräftige Kiefer, lange scharfe Zähne und mehrere hundert Kilo Druck auf jeder Zahnspitze. Dank ihrer „Sprache" brauchen sie jedoch nicht „zu den Waffen zu greifen", wenn sie sich nicht einig sind. Stattdessen können sie imponieren, drohen oder einschüchtern. Dadurch wird niemandem geschadet.

Die Effektivität eines Rudels bleibt so unbeeinflusst. Ein verletzter Wolf wäre für sein Rudel ein Klotz am Bein. An der Jagd könnte er nicht mehr teilnehmen und das Tempo bei der Wanderung des Rudels nicht mithalten. Er beansprucht besondere Betreuung, Nahrung und Schutz. Das muss vermieden werden. Am besten sind alle gesund.

## Die Körpersprache des Menschen

Auch wir Menschen haben eine Körpersprache, die ganz sicher ärmer ist als die der Hunde. Aber auch wir vermitteln einen Teil unserer Botschaften durch Gestik, Mimik, Körperhaltung, Bewegung und Berührung. Wir sind uns jedoch nicht richtig bewusst, was wir mit unserer „stillen Sprache" mitteilen. Außerdem enthalten unsere Körpersignale Bestandteile, die sich von denen der Hunde unterscheiden: Wenn wir froh sind, entblößen wir unsere Zähne im Oberkiefer – wir lachen. Das gleiche Signal bedeutet beim Hund jedoch drohen.

Betrachten Sie die Bilder auf der nächsten Seite. In diesem Gesicht können Sie alle Einzelheiten ablesen und erkennen, wie viel Informationen durch das Mienenspiel eigentlich vermittelt werden.

## Das Lesen von Körpersignalen

Nicht genug, dass Hunde Sachverständige im Sprechen mit der Körpersprache sind, mit der sie ihre Wünsche ausdrücken, sie sind auch fantastisch beim Lesen der Signale der anderen Hunde, ohne diese misszuverstehen.

In unseren Augen erscheint ein Hund drohend und gefährlich, wenn er den Schwanz steil in die Luft streckt, das Fell des ganzen Rückens sträubt und mit steifen Bewegungen alle Zähne, bei hochgezogenen Lippen, entblößt. Bei einem solchen Anblick sind wir vor Schreck wie gelähmt und denken an nichts anderes, als es zu vermeiden, in die Nähe der Kiefer dieses Untieres zu gelangen.

Ein anderer Hund hingegen wird sich hierum kaum kümmern. Er wird sofort sehen, dass der andere mehr Angst hat als aggressiv ist: Wenn er in Frieden gelassen würde, könnte er sei-

*Durch das Mienenspiel werden die unterschiedlichsten Informationen vermittelt.*

ne übertriebene Drohung aufgeben und sich bald beruhigen. Die meisten der Signale, die er zeigt, sind ein Ausdruck für Angst.

Viele Signale, die ein Hund zeigt, sind in ihren Nuancen äußerst klein und fein, zum Beispiel das Signal, das eine Beißerei auslöst. Es ist selten, dass ein Mensch es bemerkt, aber er könnte es sehen.

*Ein Mensch würde hier sagen, dies sei Aggression. Ein Hund sieht jedoch sofort, dass der „Angreifer" Angst hat.*

In meinen Kursen mit Problemhunden habe ich oft Anlass, zwei Hundebesitzer zu bitten, auf ihre Hunde aufzupassen. Es vergehen 2–3 Sekunden, bevor sie übereinander herfallen. Leider ist die Reaktionsgeschwindigkeit bei den Hunden – eben in diesem Augenblick – aufgrund übertriebener Verwöhnung reduziert. Das Ergebnis ist, dass die Hunde vor lauter Wut aufeinander förmlich explodieren – und nur die kurze Leine den Zusammenprall in der letzten Sekunde verhindern kann.

*Die Begrüßung eines unbekannten Hundes in Form einer Drohung: Die Hand von oben, starker Augenkontakt, entblößte Zähne*

*Eine freundliche Begrüßung: Hände direkt von unten, kein direkter Augenkontakt und keine entblößten Zähne*

# Hunde „lesen" die Menschen

Genauso wie Hunde untereinander ihre Körpersignale ablesen, studieren sie auch die Menschen. Ganz genau wird die Körpersprache einer Person abgelesen. Die Art der Bewegung, die Körperhaltung und die Mimik des Gesichtes sind für den Hund sehr informativ. Oft weiß ein Hund über die Absicht einer Person mehr als diese selbst.

Hunde, die nur gute Erfahrungen mit Menschen gemacht haben, kümmern sich nicht so sehr um menschliche Signale. Aber Hunde, die den Menschen häufig als Bedrohung erleben, lesen sehr sorgfältig die Signale der jeweiligen Person. Sie studieren jeden Menschen, der sich ihnen nähert. Und dies geht dann oft schief. Wir Menschen ahnen nicht, wie wir in den Augen des Hundes aussehen. Wenn wir einen Hund freundlich ansehen wollen, bedrohen wir ihn nach seinem Empfinden.

## Prüfen Sie Ihre eigene Körpersprache

Ihr eigener Hund übersetzt Ihre eigenen Körpersignale in weit höherem Grad als Sie ahnen. Viele glauben, dass der Gehorsam von Hunden daraus resultiert, dass diese die Bedeutung gewisser Worte gelernt haben, zum Beispiel „Sitz", „Platz" und dergleichen. Aber die Worte sind nur ein Detail. In der Regel ist die Reaktion des Hundes von der Körpersprache und der Mimik des Besitzers weit abhängiger als vom eingelernten Kommandowort. Sie können dies mit folgendem Versuch selbst einmal ausprobieren:

Stellen Sie sich mit dem Rücken so zu Ihrem Hund, dass er sich gleich hinter Ihnen befindet, aber ohne dass er Ihr Gesicht sehen kann. Sagen Sie dann zum Beispiel „Sitz" und danach „Platz". Nun drehen Sie sich ruhig um, um die Reaktion des Hundes auf diese Worte zu sehen. Diese wird wahrscheinlich sehr zaghaft sein – oder ist ganz ausgeblieben. Der Hund konnte das Körpersignal, das er gewohnheitsmäßig gleichzeitig mit dem Kommandowort erhält, nicht erkennen.

Der Hund ist davon abhängig, dass er Ihr Gesicht, Ihre Armbewegung und Ihre Körperstellung sieht und gleichzeitig das Kommandowort hört. Wenn er Sie zwar hören aber nicht sehen kann, ist das so, als wenn er eine ungenügende Information empfangen würde. Wenn er trotzdem gehorcht, selbst wenn Sie ihm den Rücken zudrehen, dann haben Sie wirklich gut trainiert.

Sie können dann eine etwas schwierigere Variante ausprobieren: Legen Sie sich nieder und geben Sie die Befehle für Setzen und Legen – ohne dass Sie ihn dabei ansehen.

**Seien Sie vorsichtig beim Herbeirufen**

Wenn Sie Ihren Hund rufen, dann versuchen Sie einmal, sich selbst mit den Augen Ihres Hundes zu sehen. Stehen Sie aufgerichtet, mit einem strengen Blick und den Händen in die Hüften gestützt, oder zeigen Sie auf den Boden vor sich? Und wie klingt eigentlich Ihre Stimme? Vielleicht bedeutet Ihr Befehl, dass der Hund herbeikommen soll, aber Ihre ganze Körperhaltung – und die schlecht versteckte Drohung in der Stimme – sagt dem Hund, dass er es nicht tun soll.

Setzen Sie sich nieder. Bitten Sie den Hund auf eine freundliche Art, herbeizukommen. Zeigen Sie sich froh und anlockend. Und natürlich sollen Sie den Hund loben, wenn er auf dem Weg zu Ihnen ist. Das ist ja der wichtigste Teil des Herbeirufens. Es hat nicht den gleichen Effekt, wenn Sie mit dem

Loben und dem Streicheln warten, bis der Hund Sie erreicht hat.

### Wenn Sie zu einem Hund hingehen

Wie gut ein Hund die Körpersprache abliest und mit kleinen Signalen darauf antwortet, kann man sehen, wenn man sich seinem Hund nähert. Vor allem in Situationen, wo man dem Hund befohlen hat, dass er an einem bestimmten Ort bleiben soll, und selbst weggegangen ist. Besonders wenn man mit der Stimme etwas streng war, wird man auf dem Weg zurück erkennen können, wie er – eine kleine Sekunde – den Blick abwendet. Dies wird noch deutlicher, wenn der Hund liegt.

### Eine spannende Sprache

Die Hundesprache zu lernen ist spannender als das Erlernen einer anderen Sprache. Je mehr Sie verstehen, desto mehr Feinheiten entdecken Sie im Benehmen Ihres Hundes, und auf diese Weise erreichen Sie einen besseren Kontakt und ein weit besseres Zusammenleben mit ihm als früher.

# Kapitel 2: Hunde sprechen auf viele Arten

Hunde können sich auf viele verschiedene Arten verständlich machen. Dies geschieht durch Körpersprache, Laut, Duftsignale und Berührung. Oft besteht das Gespräch aus einem Zusammenspiel zwischen mehreren Typen der Kommunikation. Dadurch wird die Bedeutung, die ein Signal hat, besonders deutlich.

Ein Hund kann zum Beispiel knurren und gleichzeitig die Zähne zeigen. Eben an der Gesichtsmimik ist deutlich abzulesen, in welcher Stimmung der Hund ist. Die Hunde sind in ihrer Ausdrucksweise immer deutlich. Es sind nur die Menschen, die es manchmal schwer haben, die verschiedenen Botschaften zu verstehen.

Es wird zwischen aktiver und passiver Unterwerfung unterschieden. Auf die gleiche Art unterscheidet man zwischen aktiver und passiver Drohung. Bei der aktiven Form nähert sich der eine Hund dem anderen und richtet eine Handlung gegen diesen, zum Beispiel durch das Lecken der Mundwinkel des anderen oder das Markieren eines Bisses in die Luft. Bei der passiven Form verhält sich der eine Hund ruhig und bewegt sich nicht auf den anderen Hund zu. Oder er legt sich auf den Rücken oder knurrt, ohne vorwärts zu gehen.

Hier folgt nun eine kurzgefasste Übersicht über die Grundbegriffe der Hundesprache. In den nachfolgenden Kapiteln werden sämtliche Details beschrieben.

# Körpersprache und Bewegung

Botschaften, die mit Hilfe von Körpersignalen vermittelt werden, sind bei Hunden die häufigste Form der Kommunikation. Sie bestehen aus der Körperhaltung und dem Mienenspiel. Die Körperhaltung ist viel deutlicher und für einen anderen Hund auch noch in weiterer Entfernung leicht abzulesen. Die Mimik ist nicht so deutlich. Sie besteht aus geringen und feinen Bewegungen des Gesichtes. Aber die Deutlichkeit der Mimik wird durch die Farbzeichnung und die Fellstruktur unterstrichen.

Die Farbzeichnung unterstreicht auch die Gestik. Hellere und dunklere Partien bilden oft ein spezielles Muster, welches die Botschaft verdeutlicht. Ein Schäferhund ist normalerweise gut gezeichnet mit einem dunkleren Rücken und einem helleren Bauch. Der Wangenbereich ist heller und rahmt das Gesicht ein. Dagegen hat ein Labrador keine Zeichnung.

Außerdem gibt es im Körperbau verschiedene Dinge, die bewirken, dass ein Signal deutlicher hervortritt. Schwanz und Bürste sind ein Beispiel dafür. Auch Änderungen der Körpergröße, zum Beispiel, wenn der Hund bei Unterwerfung kriecht, machen eine Botschaft deutlicher.

Die Art, wie ein Hund seinen Kopf hält, ist eine deutliche Botschaft: es ist ein wesentlicher Unterschied, ob ein Hund den Kopf abwärts biegt oder die Schnauze nach oben streckt. Entsprechendes gilt für die Richtung, in die der Hund seinen Kopf dreht: ein Hund, der zeigen will, dass er nicht aggressiv ist, dreht den Kopf oft weg.

Selbst die Art, wie der Hund sein Körpergewicht verlagert, kann ein Signal für die anderen sein. Legt er zum Beispiel das Gewicht nach hinten, bedeutet dies Unsicherheit oder Furcht.

In der Mimik gibt es auch verschiedene Einzelheiten, die zusammenspielen. Hier gebraucht der Hund seine Ohren, die Mundwinkel, die Zähne, die Augen, die Augenbrauen, die Farbzeichnung und das Fell. Die Mimik kann alle Gefühle ausdrücken, von Hass bis Liebe, von Kummer bis Freude, von Hunger bis Sättigung, von Angst bis Aggression.

*Sie äußern keinen Laut, dennoch wird zwischen diesen beiden Welpen viel ausgetauscht.*

## Der Laut

Hunde drücken sich mit vielen verschiedenen Lauten aus, deren Bedeutung wir kennen sollten, um zu verstehen, was sie sagen. Die Art und Weise, Laut zu geben, ist angeboren und wird in speziellen Situationen verwendet. Zum Beispiel, wenn Hunde bei der Ankunft eines Fremden bellen, wenn sie sich freuen oder einen drohenden Hund warnend anknurren.

Ein Hund kann auch lernen, in Situationen Laut zu geben, in denen es für ihn eigentlich nicht natürlich ist, seine Lautsprache zu gebrauchen. Zum Beispiel kann ein Hund von sich aus lernen, zu kläffen, um Aufmerksamkeit zu erregen, Futter zu bekommen oder um mitzuteilen, dass er hinaus möchte. Er kann das Bellen auf Kommando lernen und er kann lernen, eine ganze Menge von Lauten anzuwenden, um einen Bissen vom Esstisch zu erhalten.

Hunde haben eine vielfältige Lautsprache. Sie können heulen wie Wölfe, in verschiedenen Varianten bellen, auf verschiedene Arten knurren, winseln wie ein Welpe, kläffen aus Ungeduld, schreien vor Schmerz oder Schreck, brüllen aus Zorn, schnauben, um die Aufmerksamkeit auf sich oder anderes zu richten, und beinahe zwitschern vor Wohlbefinden.

Bei Lautäußerungen haben wir Menschen es mit dem Verstehen normalerweise einfach. Doch kommt es auch häufig zu Missverständnissen. Speziell haben wir Schwierigkeiten bei der Unterscheidung zwischen aggressiven Lauten und Lauten, die Angst signalisieren. Wir glauben zum Beispiel, dass Knurren ein aggressiver Laut sei. Das ist er selten. Auf jeden Fall ist es nicht Aggression in der Bedeutung, die wir hier vermuten. Vielleicht knurrt ein Hund, weil er seinen Fressnapf oder einen Knochen bewacht. Der Besitzer kommt nun zu nahe, und der Hund steht bei all diesen Leckereien mit hochgezogenen Lippen und klingt richtig böse. Dadurch wird sein Herrchen wütend und fällt über den Hund her. Genau dies sollte er jedoch nicht tun, weil er die Sprache des Hundes falsch übersetzt hat. Die Bereitschaft des Hundes zum Knurren wird größer, wenn man versucht, ihn dafür zu bestrafen.

Die verschiedenen Laute der Hunde beeinflussen uns außerdem rein gefühlsmäßig. Ein Hund, der kläfft, weckt Mitleid, ein Hund, der schreit, macht uns Angst. Ein Hund, der knurrt, macht uns wütend oder ängstlich. Und wenn wir uns in einem

*Eine Aufforderung zum Spiel? Ein Zeichen der Ungeduld? Die Bedeutung des Signals ergibt sich aus der vorgegebenen Situation.*

gefühlsmäßig beeinflussten Zustand befinden, haben wir es schwer, die Botschaft des Lautes zu erkennen.

## Duftsignale

Es ist leicht zu erkennen, dass Gerüche bei Hunden eine große Rolle spielen. Hunde leben in einer „Duftwelt". Stellen, wo andere Hunde hingepinkelt haben, zeigen dies zum Beispiel. Die Hunde schnüffeln daran meist intensiv und lange herum und pinkeln darüber. Sie gehören zu den wichtigsten Duftsignalen.

Auch der Kot kann als wichtiger Bestandteil des Austausches von Botschaften zwischen Hunden angesehen werden. Der

Wolf gibt beim Versäubern durch seine Analdrüse einen Duftstoff ab. Dieser hat in der „Riechsprache" sicher seine Bedeutung. Gleiches gilt natürlich auch für Hunde.

Welpen haben einen Geruch, der von dem der erwachsenen Hunde abweicht. Dieser Geruch (der an Mohrrüben erinnert) hilft vermutlich, die Aggression erwachsener Hunde zu dämpfen.

## Die Berührung

Das nahe Herankommen und das vielleicht Einanderberühren kann für Hunde sowohl dazu da sein, einen vertrauensvollen Kontakt aufzunehmen als auch einen Kampf zu pro-

*Im Spiel entsteht intensiver Körperkontakt.*

*Hunde können das Bedürfnis des Menschen nach Berührung stillen.*

vozieren. Die jeweilige Situation und andere Signale entscheiden, ob es sich hier um eine Drohung, eine Provokation oder um Liebe handelt.

Ein Hund kann mit einem anderen Hund Körperkontakt aufnehmen und gleichzeitig Signale der Unterwerfung zeigen oder deutlich darauf hinweisen, dass er spielen möchte. Dann fasst der andere Hund diesen Kontakt nicht als eine Drohung auf. Aber wenn ein Hund sich steif und drohend nähert oder einen anderen Hund berührt, kann daraus leicht eine Beißerei entstehen.

Wir Menschen verhalten uns im Grunde ähnlich. Körperkontakt – speziell mit unbekannten Personen – ist mit einem Tabu belegt. Friseure, Masseure, Ärzte und Zahnärzte sind beispielsweise Ausnahmen. Wir haben mit gewissen Gruppen ein stummes Übereinkommen geschlossen, die uns in Verbindung mit der Ausübung ihres Berufes berühren dürfen. Aber unbekannte Personen dürfen mit uns keinen Körperkontakt aufnehmen. Darauf reagieren wir mit Furcht oder Wut.

Und dennoch schätzen wir zärtliche und liebkosende Berührungen. Mit Hunden und auch mit kleinen Kindern ist es erlaubt, Körperkontakt aufzunehmen. Daher kommt es vielleicht auch, dass Menschen Hunde streicheln und kleine Kinder liebkosen wollen. Oft kann das innere Bedürfnis nach Berührung nur durch Hunde und Kleinkinder befriedigt werden.

Berührung ist wichtig. In einer amerikanischen Untersuchung konnte man feststellen, dass die Erholung nach einem Herzanfall sicherer war und schneller ging, wenn der Kranke einen Hund oder eine Katze hatte. Es ist für uns Menschen wichtig, ein weiches, lebendiges Geschöpf zu haben, mit dem wir uns beschäftigen und das wir hätscheln können.

*Durch das Zusammenleben mit einem Hund wird der Mensch auf unterschiedlichste Art beeinflusst.*
*Viele Fragen können noch nicht beantwortet werden.*

*Durch Spielen lernen, miteinander umzugehen.*

*Das Begrüßungszeremoniell ist ritualisiert. Es beginnt an der Schnauze. Der Dackel übermittelt mit seiner Körperhaltung Respekt vor dem älteren Hund.*

*Durch raue, aber freundliche Spiele lernt der Welpe die Überlegenheit des erwachsenen Hundes kennen. Foto: Sonja Steimer*

*Der Schwanz ist eines der wichtigsten Ausdrucksmittel.
Auch auf Abstand ist die Stimmung, in der sich die Hunde befinden, zu erkennen.*

*Bei der aktiven Unterwerfung ist die Bewegungsrichtung häufig von unten nach oben gerichtet.*

*Das Kindchenschema macht Welpen unwiderstehlich. Foto: Carin Fetzer*

*Dunkel gefärbte Lippen bieten einen guten Kontrast zum weißen Gebiss. Die Mimik wird durch die Farbgebung deutlicher.*

*Dunkle Ohrmuscheln und deutlich markierte Stirnfalten unterstreichen die Ohrstellung.*

# Kapitel 3: Körpersprache

## Körperhaltung

Eine deutliche Art der Kommunikation besteht darin, eine Botschaft mithilfe der Körperhaltung zu vermitteln. Das bedeutet, dass der Hund, abhängig von der jeweiligen Situation, seine Körperhaltung verändert. Hunde scheinen untereinander keine Probleme beim Verstehen dieser Sprache zu haben. Der größte und deutlichste Bestandteil dieser Ausdrucksweise ist die Veränderung der Größe.

Ein Hund, der selbstsicher, dominant, imponierend oder provozierend ist, macht sich so groß als möglich. Er scheint sowohl höher als auch breiter zu werden. Die Beine werden zu Stelzen und er bekommt einen aufgeblasenen Rumpf, um ein wenig höher zu erscheinen, als er eigentlich ist.

*Seine Haltung bringt seine Selbstsicherheit deutlich zum Ausdruck.*

*Der Hund, der die Bürste nur über der Schulterpartie aufstellt, zeigt dadurch seine Selbstsicherheit. Das Aufrichten der Bürste über die gesamte Rückenlänge ist ein Zeichen von Angst.*

### Bürste

Die Farben im Fell tragen dazu bei, Signale zu unterstreichen. Oft sind die Hunde nämlich am Rücken dunkler und am Bauch heller. Wenn ein Hund böse oder ängstlich ist, richtet er seine Bürste auf – das will sagen, dass er die Haare auf seinem Rücken aufrichtet. Normalerweise werden die Rückenhaare zu den Haarspitzen hin dunkler. Wird die Bürste aufgerichtet, treten die dunkleren Haarspitzen deutlich hervor und verstärken den Eindruck der Größe des Hundes. Er sieht sowohl höher als auch größer aus.

Sie haben vielleicht bemerkt, dass es verschiedene Arten gibt, die Bürste aufzurichten. Einmal stellt der Hund die Bürste nur über der Schulterpartie auf, und bei der zweiten Art stellt der Hund die Bürste über dem ganzen Rücken auf (dann und wann auch über dem Hinterteil). Es wird davon ausgegangen, dass im ersten Fall, dem Aufrichten der Bürste über der Schulterpartie, dies ein Zeichen von Selbstsicherheit sei. Im anderen Fall handelt es sich um einen unsicheren Hund, der Angst hat: Die Bürste richtet sich über der gesamten Rückenlänge auf – als ob sich der Hund sehr anstrengen müsste, um wenigstens ein bisschen imponierend zu wirken. Einfach weil er in seinem Innersten eigentlich unsicher ist.

Es ist mit großer Wahrscheinlichkeit auch so, dass ein Hund, der nur wenig aufgeregt ist, die Bürste ebenfalls zuerst auf dem Rücken aufstellt. Ein Hund, der sehr aufgeregt ist, stellt seine Bürste über dem ganzen Rücken auf.

Wie kommt es eigentlich, dass das Fell bei Erregung auf dem Rücken aufgestellt wird? Diese Erscheinung tritt ja bei vielen Tieren und auch bei uns Menschen auf. Sie haben sicher schon selbst gespürt, wie sich Ihre Haare am Kopf sträubten, wenn Sie wirklich Angst hatten. Es ist vermutlich das Adrenalin, ein Stresshormon, das dieses auslöst.

### Farben

Ich erwähnte vorhin, dass Farbzeichen im Fell eine große Rolle spielen. Bei der normalen Färbung ist meist der Rücken dunkel und zum Kontrast hierzu ist das Fell an der Unterseite, besonders am Bauch, heller.

Zeigt ein Hund Unterwerfung, legt er sich oft nieder und dreht den Bauch nach oben. Dadurch wird der Hund kleiner, und die hellere Farbe des Bauches wird sichtbar. Vielleicht hat die helle Farbe eine aggressionshemmende Wirkung.

*Selbst bei weißen Hunden wird die Helligkeit des Bauches durch einen geringeren Haarwuchs verstärkt.*

Gerade Farben spielen offensichtlich eine gewisse Rolle. Das Fell der Welpen ist oft ein wenig heller als das der erwachsenen Hunde. Wahrscheinlich tragen auch hier die etwas helleren Farben – dank des Gegensatzes zu den dunkleren „Farben der Erwachsenen" – dazu bei, die Aggressionen der älteren Tiere gegenüber den jungen zu dämpfen.

Dies erklärt unter Umständen auch die Tatsache, dass viele Hunde am Bauch weniger Haare haben. Dies gilt besonders für Welpen. Selbst die Haut ist immer heller als das dunklere Fell. Vermutlich ist es diese Farbnuance, die den älteren Hund sanft und vorsichtig werden lässt.

*Signalisiert ein weißer Hund Friedfertigkeit? Zieht ein schwarzer Hund eine andere Aufmerksamkeit auf sich? Hoffen wir, dass wir Antworten auf diese Fragen bekommen.*

Interessant ist auch, dass Hunde, die in das Greisenalter kommen, zuerst am Bauch und an bestimmten Stellen des Gesichtes weiß werden. Es ist sicherlich eine etwas verrückte Theorie, aber vielleicht hat dies etwas damit zu tun, dass auf diese Weise Friedfertigkeit signalisiert wird.

Haben hellere und dunklere Farbe verschiedene Einflüsse auf Hunde? Ich machte einige Interviews über diese Theorie. Ich fragte Personen, die sowohl weiße als auch schwarze Hunde haben. So hatte einer sowohl weiße Pyrenäenhunde als auch schwarze Neufundländer. Ein anderer, der befragt wurde, hatte weiße und schwarze Pudel usw. Dies war zwar keine gut kontrollierte Studie, aber es war trotzdem eine Tendenz zu erkennen.

*Der Schwächere zeigt deutlich seine Untertänigkeit gegenüber dem Stärkeren.*

Alle bekamen die gleiche Frage gestellt: „Wenn Sie mit Ihren Hunden hinausgehen und es begegnet Ihnen ein anderer Hund, welcher von den beiden wird ausfallend, knurrt oder dergleichen – der Schwarze oder der Weiße?" Alle antworteten, dass dies oft der schwarze Hund sei, der mit dem anderen nicht klarkomme... Dies ist noch lange kein Beweis. Aber die Theorie

*Die hellere Farbe der Unterseite des Welpen dämpft die Aggression des älteren Tieres.*

über die Farben bleibt interessant. Um eine gut belegte Antwort zu finden, müsste eine gründlichere Untersuchung vorgenommen werden.

Bei uns Menschen findet sich eine ähnliche Tendenz zur Reaktion gegenüber schwarz und weiß. Ich denke hier vor allem an die Filme meiner Jugend mit Helden und Schurken. Die Schurken waren zunächst immer schwarz und die Helden weiß gekleidet. Die Schurken ritten auf schwarzen und die Helden auf weißen Pferden.

### Das Kriechen

Die Bemühungen, Unterwerfung zu zeigen, können viele verschiedene Formen annehmen. Oft setzt sich ein Hund nur nieder, um dadurch seine Untertänigkeit gegenüber einem anderen Hund oder einem Menschen auszudrücken. Man sieht manchmal, dass diese Ausdrucksweise kombiniert wird mit dem Anheben einer Vorderpfote. Dadurch wird das Signal verstärkt.

Legt ein Hund sich nieder, zieht er oft ein Hinterbein in die Höhe. Ein Teil der Ethologen sagt, dass dies geschähe, um den Genitalbereich zu entblößen. Andere heben hervor, dass diese Haltung der Drohposition entgegengesetzt sei. Vielleicht geschieht dies auch, um die hellere Farbe des Bauches hervorzuheben.

### Gewichtsverteilung

Man hat untersucht, auf welche Weise das Körpergewicht auf die Beine verteilt wird. Bei Angst und bei Aggression geschieht dies nämlich auf unterschiedliche Art. Ein Hund, der wütend und selbstsicher ist, legt den größten Teil des Gewichtes

*Der linke, zurückhaltende Hund verlagert sein Gewicht nach hinten, der rechte, dominante Hund nach vorne.*

auf die Vorderbeine: Er lehnt sich leicht vorwärts. Ein ängstlicher Hund verlagert den größten Teil seines Gewichtes auf die Hinterbeine. Die Gewichtsverteilung ist zuerst von der Anatomie abhängig, aber sie hat ganz sicher auch als Signal eine Bedeutung. Ein wütender Hund, der zum Angriff bereit ist, legt sein ganzes Gewicht nach vorne, um angreifen zu können. Der ängstliche Hund verlagert sein Gewicht nach hinten, um leichter Unterwürfigkeit zeigen oder abhauen zu können. Gleichzeitig liest der andere Hund die Sicherheit oder die Unsicherheit aus dieser Körperstellung.

### Der Nacken

Bei Unterwürfigkeit wird der Nacken gesenkt, gleichzeitig wird der Kopf etwas gestreckt, sodass der Nacken und die

Schnauze eine gerade Linie mit dem Rücken bilden. Wird das Genick stolz zurückgebogen und die Schnauze zeigt nach unten, sodass diese Krümmung an einen Schwan erinnert, bedeutet dies, dass der Hund selbstsicher ist. In dieser Stellung sind auch Gesicht und Blick gerade nach vorne gerichtet. Dies sieht man oft in Verbindung mit Aggression oder Drohung.

### Die Richtung und der Winkel des Kopfes

Die Art der Kopfhaltung des Hundes kann entscheidend für die Botschaft sein, die vermittelt werden soll. Richtet sich das Gesicht direkt gegen einen anderen Hund, zeigt dies, dass er selbstsicher und nicht ängstlich ist. Ist der Kopf abgewandt, kann dies Unsicherheit oder Angst bedeuten oder eine Demonstration der friedlichen Haltung sein.

*Mit dem Abwenden des Blickes wird die Drohung des provozierenden Hundes effektvoll gedämpft.*

Selbst wenn viele andere Signale erkennen lassen, dass es sich um Aggressivität handelt, kann ein geringfügiges Abwenden des Kopfes vom anderen Hund (oder Menschen) zeigen, dass er eigentlich ängstlich und unsicher ist. Daher ist es so wesentlich, mit diesen wichtigen Formen der Zusammensetzung von Signalen vertraut zu sein.

Auch der Winkel zwischen Kopf und Körper kann viel aussagen. Wird das Kinn gegen die Brust gehalten, ist dies ein Signal für Sicherheit. Der Hund kann sozusagen alle seine Gesichtssignale deutlich zeigen. Das Hochheben des Kinnes signalisiert Unsicherheit und Unterwerfung, es ermöglicht das Verstecken der Gesichtssignale.

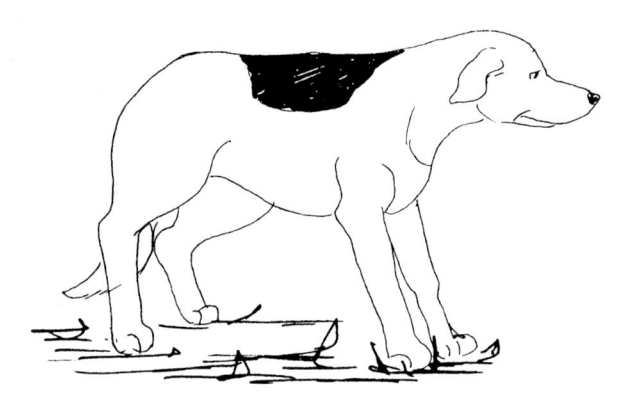

*Der vorgestreckte Nacken und die hochgehaltene Nase sind ein Zeichen der Unterwerfung.*

### Das Hinwenden und Wegwenden

Ein Hund kann sich von einem anderen Hund oder einem Menschen wegwenden und damit, durch seine Körperstellung, erkennen lassen, dass er friedlich ist. Er kann sich auch direkt

*Die „T-Position". Der Unterlegene dreht dem Überlegenen die Seite zu. Dieser steht in gerader Richtung gegen den Unterlegenen.*

gegen ein anderes Individuum richten und damit demonstrieren, dass er dominant und selbstsicher ist. Diese sogenannte „T-Position" wurde schon oft untersucht. Der Unterlegene dreht dabei dem Überlegenen die Seite zu, und dieser steht in gerader Richtung gegen den Unterlegenen.

Wenn ein Hund grüßt, demonstriert er oft seine Friedfertigkeit damit, dass er dem Hund oder dem Menschen, der begrüßt werden soll, sein Hinterteil zuwendet. Er zeigt damit, dass nichts Drohendes in diesem Verhalten liegt, obwohl er ihm so nahe kommt. Viele Hundebesitzer fühlen sich dadurch aufgefordert, den Hund auf das Hinterteil zu klopfen, statt ihn zu streicheln. Es ist sehr gefühlsbetont, wenn ein Hund so nahe an ein anderes Individuum herangeht. Die Nähe ist ein Faktor, der große Bedeutung hat.

Kommt ein Hund sehr nahe an einen anderen heran, so kann jener das als eine Drohung oder Provokation ansehen. Wenn der Hund dagegen deutliche Signale zeigt, die zu erken-

*Für die Kamera sitzen diese beiden Hunde nahe beieinander. Ihre Meinung zu dieser Nähe verdeutlichen sie selbst: Der eine vermeidet den nahen Körperkontakt.*

nen geben, dass es sich um eine Einladung zum Spiel, um Unterwürfigkeit oder Untertänigkeit handelt, ergeben sich keine Probleme. Aber wenn der Hund steif ist, wenn er sich nähert, bedeutet das eine Provokation.

Hunde reagieren sogar, wenn sie andere Hunde mit steifen Beinen und nahe beieinander stehen sehen. Dann versuchen sie oft, diese zu trennen. Ein Border-Collie sah zwei andere Hunde, die provozierend nahe beieinander standen. Er reagierte sofort, indem er in voller Fahrt um die beiden herumrannte und dabei laut bellte. Es gelang ihm auch, die beiden zu stören, sodass sich eine drohende Beißerei in nichts auflöste.

*Der feine, weiche Pelzkragen rahmt das Gesicht ein und hebt alle wichtigen Signale hervor.*

Auf dieselbe Weise reagieren Hunde auf Menschen, die dicht beieinander stehen. Manche Hunde versuchen Vater und Mutter zu trennen, wenn diese sich umarmen oder in anderen Situationen nahen Körperkontakt aufnehmen. Oft zu deren großer Verzweiflung.

**Der Pelzkragen**

Diejenigen Hunde, die einen Felltyp haben, der der ursprünglichen Form der Wölfe entspricht, tragen einen großen Pelzkragen um den Hals. Die Haare wachsen von den Wangen nach hinten und vom Genick abwärts. Dadurch entsteht eine Art Kragen, der größer wird, wenn das Kinn gegen die Brust gebogen wird. Wenn also bei Unsicherheit das Kinn gehoben wird, wird er kleiner und bei einer Drohung, wenn das Kinn angezogen wird, wird er größer.

*Selbstsicher, dominant oder drohend.*

*Dominant, neutral.*

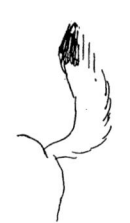

*Unsicher und drohend.*

*Relativ sicher oder etwas unsicher, neutral.*

*Etwas unsicher, dominant, üblich bei einem Hund, der etwas bewacht.*

*Neutral, interessiert.*

*Unsicher, etwas untertänig.*

*Untertänig.*

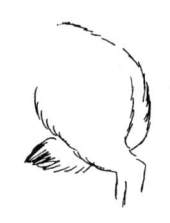

*Ängstlich oder sehr untertänig.*

**Die Sprache des Schwanzes**

Der Schwanz ist eine Art der Signalgebung, welche die größten Variationsmöglichkeiten beinhaltet. Aus ethologischer Sicht ist es daher ein absoluter Fehler, den Schwanz zu kupieren, d. h. ihn abzuschneiden. Wir können jedoch die Hoffnung haben, dass in Zukunft alle Hunde diesen wichtigen Teil ihres Körpers behalten dürfen.

Der Schwanz kann von einer Seite nach der anderen schwingen, als freudiges Wedeln oder im Jagdeifer. Er kann bei Zorn steil nach oben gestreckt werden. Er kann gesenkt werden – und vielleicht ganz zwischen den Beinen verborgen werden – in Situationen, wo Ängstlichkeit oder Unsicherheit gezeigt werden sollen. Und er kann eine ganze Reihe von Zwischenstellungen einnehmen.

An der Spitze ist der Schwanz oft etwas heller oder etwas dunkler. Dieser Farbkontrast ist sicher damit begründet, dass die Schwanzspitze deutlich gesehen werden soll, wenn der Hund seinen Schwanz hebt, um zu imponieren. Durch Hunderttausende von Jahren hat die Natur solche – für uns unwichtigen – Details wie die Haarspitzen der Angehörigen der Hundefamilie entwickelt. Alles zu dem Zweck, die Kommunikation zwischen diesen Tieren so effektiv wie möglich zu machen.

**Lecken**

Ein deutliches Unterwerfungssignal ist das Lecken am Maul eines anderen Hundes. Das Lecken ist vor allem gegen den Mundwinkel gerichtet. Es erinnert an ein Verhalten der Welpen. Aber deren Ziel ist ein anderes. Wenn kleine Welpen einem erwachsenen Hund mit eifrigen Leckbewegungen gegen dessen Mundwinkel begegnen, führt das zur Auslösung eines

Reflexes beim erwachsenen Hund, der ihn veranlasst, Nahrung hervorzuwürgen. Das hängt mit dem Transport von Nahrung zusammen.

Die wilden Angehörigen der Hundefamilie haben oft Nahrung im Magen, die sie heim zu den Welpen transportieren. Dies ist sehr zweckmäßig. Verschlingt ein Jäger seine Beute

*Mit eifrigen Leckbewegungen versucht der Welpe den erwachsenen Hund zu veranlassen, Nahrung hervorzuwürgen.*

sofort, entgeht er damit der Konkurrenz von anderen hungrigen Raubtieren. Außerdem sind das Maul und die scharfen Zähne nicht mit dem Tragen von Beute ausgelastet, sondern sie stehen im Notfall zur Verteidigung zur Verfügung.

Das Problem, wieder an die Nahrung zu kommen, hat die Natur so gelöst, dass die Welpen den heimkommenden Jägern an den Mundwinkeln lecken. Dadurch wird ein Brechreflex ausgelöst – und die Nahrung ist serviert. Lauwarm, auf Körpertemperatur, gekaut und halb verdaut. Perfekte Kindernahrung.

Die Welpen lernen auf diese Art, sich allmählich an feste Nahrung und an weniger Muttermilch zu gewöhnen. Das Essen, das sie von den Erwachsenen bekommen, ist vorgekaut und teilweise vorverdaut.

Dieses Nahrungsbettelverhalten findet sich auch bei erwachsenen Hunden, aber es wird nun als aktive Unterwerfung, zum Beispiel beim Begrüßungszeremoniell, gebraucht. Genau wie bei den Welpen richten sich die Leckbewegungen gegen das Maul. Oft hört man welpenähnliches Kläffen oder andere Laute der Unterwerfung, die auf diese Art die Untertänigkeit anzeigen.

Das ist eine Erklärung dafür, weshalb Hunde oft und gerne an Menschen hochspringen, wenn sie glücklich sind. Es ist ein Zeichen der aktiven Unterwerfung. Er will hoch zum Mund, um diesen zu lecken. Das bedeutet Untertänigkeit und Freude. Es leuchtet ein, dass der alte Rat, den Hund gegen das Knie springen zu lassen wenn er hochspringt, vollkommen unangebracht ist. Es gibt andere Arten, dieses Problem zu lösen (weiterführende Literatur: „Hundeprobleme – Problemhunde?" von A. Hallgren).

Die Leckbewegungen sind ein Verhalten, dessen ursprünglicher Zweck darin besteht, Nahrung zu bekommen. Die Zunge bearbeitet die Brustwarze der Mutter, um den Milchfluss anzuregen. Später erfolgt das Betteln um Nahrung durch Lecken gegen die Mundwinkel. Im Lebenszyklus sehen wir sie bei der aktiven Unterwerfung unter anderem im Begrüßungszeremoniell. Sie taucht wieder auf beim Pflegeverhalten und in der Welpenpflege. Hier pflegt die Mutter ihre Welpen, indem sie ihnen den Bauch leckt. Auf diese Art und Weise stimuliert sie die Verdauung der Welpen. Das Lecken mit der Zunge kommt in den verschiedensten Verhaltensformen vor. Ein kleiner natürlicher Kreislauf ist geschlossen.

*Der Schnauzenstoß des erwachsenen Hundes – ein Zeichen der aktiven Unterwerfung.*

### Der Schnauzenstoß

Zusammen mit dem Lecken gegen den Mundwinkel gibt es auch einen speziellen Schnauzenstoß gegen den Mund. Diesen bezeichnet man als eine Intentionshandlung*, es ist sozusagen der Anfang der Leckbewegung. Ein Welpe stößt mit der Nase, gleichzeitig richtet er das Lecken gegen den Mundwinkel des Erwachsenen.

---

*\* Intention = Absicht, Vorhaben.*

*Dieser Welpe demonstriert den Schnauzenstoß bei einem Kind.
Für ihn handelt es sich um einen Artgenossen.*

*Der Schnauzenstoß des unterlegenen Hundes demonstriert Untertänigkeit.*

*Das Aufheben der Vorderpfote bedeutet häufig ein Zeichen der Unterwerfung.*

Es ist anzunehmen, dass sich der Schnauzenstoß aus dem Stoß des Welpen gegen das Euter, durch den die Milchproduktion stimuliert wird, entwickelt hat. Sicherlich hat auch die Leckbewegung ihren Ursprung beim Säugen. Auch die Anwendung der Zunge fördert den Milchfluss.

Den Schnauzenstoß finden wir im Verhalten der erwachsenen Hunde wieder. Nämlich in dem verbreiteten Puffen mit der Schnauze, wenn unser Hund gestreichelt werden will. Es handelt sich bei diesem Verhalten nicht nur um eine Aufforderung zum Streicheln, sondern es ist auch ein Signal der Unterwerfung. Es ist auch eher eine Leckbewegung als ein Stoßen.

Die Stöße werden von unten nach oben gerichtet. Dies ist typisch für alle Verhaltensformen der Unterwerfung.

### Das Aufheben der Pfoten

Das Aufheben der Vorderpfote bedeutet häufig ein Zeichen der Unterwerfung. Laut einigen Ethologen stammt diese Geste vom Milchtritt der Welpen ab. Während die Welpen saugen, treten beide Vorderpfoten gegen die Gesäugeleiste, dadurch tritt mehr Milch aus.

Die erhobene Pfote wird häufig mit dem Wegdrehen des Kopfes kombiniert. Dies gilt vor allem, wenn mit der Pfote ein dominanter, z. B. älterer Hund aufgefordert werden soll. Er kann die Pfote aufheben und damit den älteren Hund streifen, während gleichzeitig der Kopf weggedreht wird. In diesem Fall kann das Verhalten als eine Einladung zum Spiel oder bloß als allgemeine Kontaktsuche dienen.

### Scharren

Bei Hunden liegt sicherlich das Pfotenheben zugrunde, wenn sie mit Pfotenscharren Kontakt und Aufmerksamkeit von uns fordern. Dieses Verhalten tritt häufig auf, wenn man sich niedersetzt. Der Hund kommt her und beginnt an Mutters oder Vaters Bein oder Arm zu kratzen. Auf die ihm eigene höfliche Art kombiniert er den Wunsch nach einer Kontaktaufnahme mit einem Zeichen der Untertänigkeit.

Wenn ein Hund seine Pfote nach vorne gegen Sie streckt, geschieht dies nicht, damit Sie die Pfote nehmen sollen. Wenn Sie dies tun, wird der Hund mit großer Wahrscheinlichkeit seine Pfote zurückziehen. Nein, dieses Signal bedeutet, dass der Hund Ihre Aufmerksamkeit haben möchte. Sie sollen nicht die Pfote nehmen, aber wenn sie ihn stattdessen liebkosen, wird er zufrieden sein. Vielleicht möchte er auch, dass etwas geschehen soll, weil er sich langweilt. In diesem Fall bedeutet das Signal, dass Sie etwas Aktivität entfalten sollen.

### Zeigen und Vorstehen

Hunde teilen einander und uns oft etwas mit. Ich habe häufig darüber nachgedacht, wie viel wir Menschen von diesen Botschaften eigentlich wirklich aufnehmen. Verstehen wir auch nur die Hälfte von ihnen? Und wie viele dieser Mitteilungen empfangen wir überhaupt nicht?

Ein Signal, das Jäger sich oft zunutze machen, ist das Vorstehen, d.h. das Zeigen von etwas, zum Beispiel einer Beute. Es kann also bedeuten: „Da, in dieser Richtung ist etwas Interessantes." Bei einigen Rassen ist dieses Verhalten besonders gut entwickelt; solche Rassen nennt man „Vorsteher" oder „Pointer". Aber das Vorstehen ist bei mehreren Rassen üblich – vor allem beim Setter.

Der Hund steht starr. Der ganze Körper scheint auf einen weiter entfernten Punkt konzentriert zu sein. Ein Vorderlauf wird angehoben. Andere Hunde, die dieses Vorstehen sehen, schauen unwillkürlich in die angegebene Richtung.

Dieses Verhalten faszinierte mich so sehr, dass ich beschloss, ein Experiment durchzuführen. Wir waren zwei Personen, und der Hund, der dabei war, war ein Schäferhund. Wir wollten beide versuchen, das Pointer-Verhalten nachzuahmen.

Wir richteten unsere Aufmerksamkeit gegen eine bestimmte Stelle, um zu sehen, ob wir dem Schäferhund unsere Botschaft begreiflich machen können. Als wir einige Zeit so dastanden und auf ein kleines Stück Holz, das am Ufer trieb, starrten, schaute der Hund auf uns. Danach sah er in die Richtung, in der wir vorstanden, schaute zielbewusst hin und fand das Holz. Es wirkte! Ich habe den Versuch später mit anderen Hunden

*Mit dem Vorstehen zeigt der Jagdhund dem Jäger, in welcher Richtung das Wild steht.*

wiederholt. Zuweilen glückte es, zuweilen nicht. Es ist vielleicht doch nicht möglich, dass Menschen die deutlichen Körpersignale der Hunde ganz genau nachahmen können.

### Interessenmarkierung

Des Öfteren sieht man einen anderen Typ des Signalverhaltens zwischen Hunden. Zeigt sich ein Hund zum Beispiel sehr interessiert an einer bestimmten Stelle, beeilt sich ein anderer Hund sofort, um dorthin zu kommen. Das Interesse ist ansteckend. Ist ein Hund an etwas sehr stark interessiert, ist dies eine Mitteilung für andere Hunde, dass hier etwas Spannendes ist.

Damit Hunde daran interessiert waren, Kontakt mit mir aufzunehmen, versuchte ich mehrmals etwas Ähnliches zu machen. Ich fing an, ein bisschen im Boden zu wühlen und so zu tun als wäre ich hierauf vollkommen konzentriert. Hunde,

*Dieser Hund untersucht die Stelle, die Frauchen so interessant findet.*

die die Szene zufällig beobachteten, kamen alsbald herbei und begannen zu schnüffeln. Sie fassten mein Interesse ganz richtig als Mitteilung auf, dass hier etwas sei, was es wert wäre, näher untersucht zu werden. Schon nach kurzer Zeit begrüßten wir uns vertrauensvoll.

Diesen kleinen Trick kann man vorteilhaft beim Herbeirufen ausnutzen, wenn der Hund nicht kommen will.

### Bewegung und Bewegungsrichtung

Die Art, wie und in welche Richtung ein Hund sich bewegt, kann eine wesentliche Information beinhalten. Wenn ein Hund herumläuft, hier und dort ein wenig schnüffelt, zieht er keine besondere Aufmerksamkeit auf sich. Ist er dagegen zielstrebig auf seinem Weg, haben andere Hunde sofort mehr Interesse. Galoppiert er in eine bestimmte Richtung, ist dies in den Augen anderer Hunde besonders interessant. Hohe Geschwindigkeit weckt immer die Aufmerksamkeit anderer Hunde. Eine bekannte Tatsache, die viele Jogger peinlich erfahren mussten. Hohe Geschwindigkeit kann man beim Herbeirufen ausnutzen. Es ist effektiver, einen Hund zu sich zu locken, indem man sich schnell von ihm weg bewegt. Geschwindigkeit bleibt für Hunde ein Signal.

„Gärdet" ist ein bekannter Platz in Stockholm, um Hunde auszuführen. Oft versammeln sich die Hundebesitzer in Gruppen und lassen ihre Hunde auf den großen Grasflächen frei laufen. Einmal war eine solche Gruppe draußen spazieren. Unter den Hunden war ein Bearded-Collie-Rüde, der vom Autojagen vollkommen begeistert war. Der Rüde war frei und spielte mit den anderen Hunden.

In einiger Entfernung entdeckte der Hund nun ein Auto, das auf dem Weg entlangfuhr. Der Rüde setzte ihm in hoher Geschwindigkeit nach. Die gesamte Gruppe der anderen Hunde raste sofort hinterher. Obwohl sie nicht wussten, dass der Rüde nur Autos jagen wollte, blieben sie lange fort. Für die Gruppe war dies an sich überhaupt keine interessante „Beute". Das Ganze hätte in einer Katastrophe enden können, falls die Hunde auf den Weg gerannt wären. Aber durch das aufgeregte Rufen aller „Väter" und „Mütter" wendete die Meute im letzten Augenblick, das Auto war bereits außer Sicht.

Dies ist ein Beispiel dafür, wie anziehend hohe Geschwindigkeit auf Hunde wirkt und wie sie auch andere Hunde mitzieht. Selbst wenn diese nicht wissen, aus welchem Grund sie laufen, rennen sie mit.

Hohe Geschwindigkeit kann auch eine starke Drohung beinhalten. Rast ein Hund mit hoher Geschwindigkeit auf einen

*Wenn sich zwei Hunde einander nähern, treffen sie selten frontal aufeinander, sie tun so, als wollten sie aneinander vorbeilaufen.*

anderen Hund zu, kann dies umgehend eine Beißerei auslösen. Das schnelle Tempo und die direkte Richtung gegen den anderen ist gleichbedeutend mit einem Angriff.

Deshalb verlangsamen die Hunde ihre Geschwindigkeit, sobald sie sich einander nähern. Oder sie zeigen übertriebene Zeichen der Untertänigkeit (wie bei Welpen üblich).

Es ist auch üblich, dass sie bloß die Richtung ändern, anstatt die Geschwindigkeit zu vermindern. Besonders häufig ist dies bei Junghunden. Erst sieht es so aus, als wollten sie aneinander vorbeilaufen. Aber wenn sie auf gleicher Höhe sind, bleiben sie plötzlich stehen und begrüßen sich.

Das Gleiche gilt für viele Hunde, wenn sie mit hoher Geschwindigkeit auf ihr „Herrchen" oder „Frauchen" zurennen.

*Läuft ein Mensch mit hohem Tempo direkt auf einen Hund zu, kann der Hund dies als Angriff missverstehen, und reagiert entsprechend.*

Sieht man genau hin, entdeckt man, dass sie seitlich zu ihm hinlaufen.

Der Hund kann vor dem Menschen Angst bekommen – oder er kann böse auf ihn werden, wenn dieser mit hoher Geschwindigkeit auf ihn zuläuft. Es kann beispielsweise vorkommen, dass ein Hund ein Kind kneift, das direkt gegen ihn gesprungen ist, ohne sein Tempo zu vermindern. Ganz unabhängig davon, ob der Hund gewöhnlich kinderfreundlich ist.

## Die Mimik

Die Möglichkeiten der Hunde, sich durch Gesichtsmimik auszudrücken, sind so unendlich verschieden und so reich an Variationen, dass wir uns das kaum vorstellen können. Eine kleine Zuckung, ein starrer Blick, ein Blick, der für den Bruchteil einer Sekunde in eine andere Richtung geworfen wird – all dies kann das Element einer Botschaft sein. Vielleicht ist es der Gebrauch der Sprache, durch die wir so viel von unserem Sinn für Körperausdruck und Mimik verloren haben. Die Bedeutung eines Blickes kann bei weitem nicht immer in Worte übersetzt werden. In der menschlichen Wortsprache hat dieses Verhalten keinen Namen bekommen.

Die gröberen Körpersignale sind relativ leicht zu studieren. Schwanzbewegungen, Bürste, Körperhaltung und die Kopfhaltung. All diese Signale werden deutlich und relativ langsam gezeigt, sodass wir sie ablesen können.

Aber die kleinen, plötzlichen Änderungen bei den Lippen und der Augenbrauenstellung, der schnelle Augenaufschlag, ein provozierender Blick, die Ausweitung oder Verkleinerung der Pupille – dies alles zusammen sind Dinge, die schwer zu lesen sind und viel Übung erfordern. Die Mimik kann sich so schnell ändern, dass wir es kaum registrieren. Wie das Kräuseln von Wasser kann sich der mimische Ausdruck über das Gesicht des Hundes fortpflanzen. Und er kann schon vorbei sein, noch ehe Menschen überhaupt die Signale erfasst haben. Doch ein anderer Hund registriert sofort die Botschaft, welche diesen kleinen und feinen Bewegungen zu entnehmen ist.

*Der Hund hat eine Vielzahl von Möglichkeiten, sich durch Gesichtsmimik auszudrücken.*

### Ein Zentrum der Kommunikation

Obwohl die Mimik ein wichtiges Zentrum der Hundesprache ist, wurde sie erst spät intensiver erforscht, zuerst wurde die Körperhaltung umfassend beschrieben. Dabei ist die Mimik des Hundes ein ungeheuer spannendes Gebiet. Sie kann zu einer wirklichen Entdeckungsreise für Sie werden.

Werden Sie doch selbst zum Forscher, Untersucher, Protokollführer. Legen Sie das Buch zur Seite und beobachten Sie Ihren Hund in den verschiedensten Situationen. Versuchen Sie selbst zu empfangen und zu übersetzen, was Sie im Gesicht Ihres Hundes lesen.

## Das Gesicht

Beginnen wir damit, die Mimik eines Hundes zu kartieren, um zu erkennen, wie das Gesicht aufgebaut ist. Hier lasse ich nun einmal meiner Bewunderung für die natürliche, perfekte Ordnung, die auch einen Sinn für Dramatik zeigt, freien Lauf, und ich hoffe, dass Sie sich dadurch nicht stören lassen.

Sehen wir uns zuerst das Wachstum des Felles an. Beginnen wir mit den kleinen, kurzen Haaren an der Schnauze. Zum Nasenrücken hin wird das Fell dichter und dichter. Jedes einzelne, kleine Haar zeigt gegen die Stirn. Alle sind parallel. Dicht an den Augen beginnen sie zusammenzulaufen. Dort werden sie zusammengedrängt, es ist, als würden sie gezwungen, für die Augen Platz zu machen. Ein sehr intensives Gebiet, die Haare wachsen in verschiedenen Richtungen rund um die Augen. Verschiedene Felltypen sammeln sich hier und begrenzen das Gebiet, eine sehr lebendige Partie. Aber plötzlich, wenn das Fell an den Augen vorbei ist, breitet es sich über die Stirn aus, wie die Ruhe, die sich über dem Meer nach einem Sturm ausbreitet. Das Fell läuft gegen die Schläfen und die Ohren, wie ein Pinselstrich auf einer Tafel. In ruhigem Strich wachsen die Fellhaare hinab über das Genick. Und vom Genick aus teilt sich das Fell auf jede Seite des Halses hinunter.

Unten an den Seiten des Halses gibt es aufs Neue mehr Leben, mehr Intensität. Es kreuzen sich die Haare von der Nackenpartie und die Haare, die von der Seite der Nasenpartie und von den Backen kommen. Auf den Seiten der Nase wirkt es, als würde das Fell so wachsen, wie es sich das wünscht. Es gibt kein bestimmtes Muster. Die kleinen, kurzen Haare zeigen nach hinten abwärts, je näher man der Halspartie kommt, und dort vereinigen sie sich freundschaftlich mit dem etwas schwächeren Fell, das vom Kinn kommt.

*Der Wechsel von kurzen und langen Haaren, von dicht und dünn bewachsenen Stellen, hellen und dunklen Partien unterstreichen die Mimik des Hundes.*

Unmittelbar unter den Ohren begegnen sich das Fell der Halspartie und das Fell der Nackenpartie. Diese Begegnung verläuft so, als würden sich zwei feindliche Heere, die einander bekämpfen, treffen. Es bilden sich Wirbel und Wellen, Tumulte und Konflikte. Sie vereinigen sich zu einem kräftigen Kragen.

Bei langhaarigen Hunden mit dichtem Fell – auch bei Wölfen – ist dieser Kragen wie ein Rahmen, der das gesamte Gesicht umfasst. Vom einen Ohr hinunter an den Hals und aufsteigend zum anderen Ohr. Das Gesicht ist von einem weichen, dichten Fell eingerahmt.

**Farben**

Es ist nicht allein die Fellstruktur, die die Mimik des Hundes verstärkt. Es sind auch die Abzeichen im Gesicht. Farben, bei denen auch ein Uneingeweihter sieht, dass diese ein vielfältiges Muster bilden. Aber wenn man näher hinsieht, entdeckt man, wie es alle Farbzeichnungen zusammen bewirken, den bedeu-

*Das Gesicht des Wolfes wird von einer helleren Farbzeichnung eingerahmt, um die Mimik hervorzuheben.*

tungsvollen Zug des Gesichtes hervorzuheben. Ein dunkles Gesicht wird normalerweise von einem etwas helleren Fell eingerahmt. Betrachten Sie den Wolf in der Abbildung.

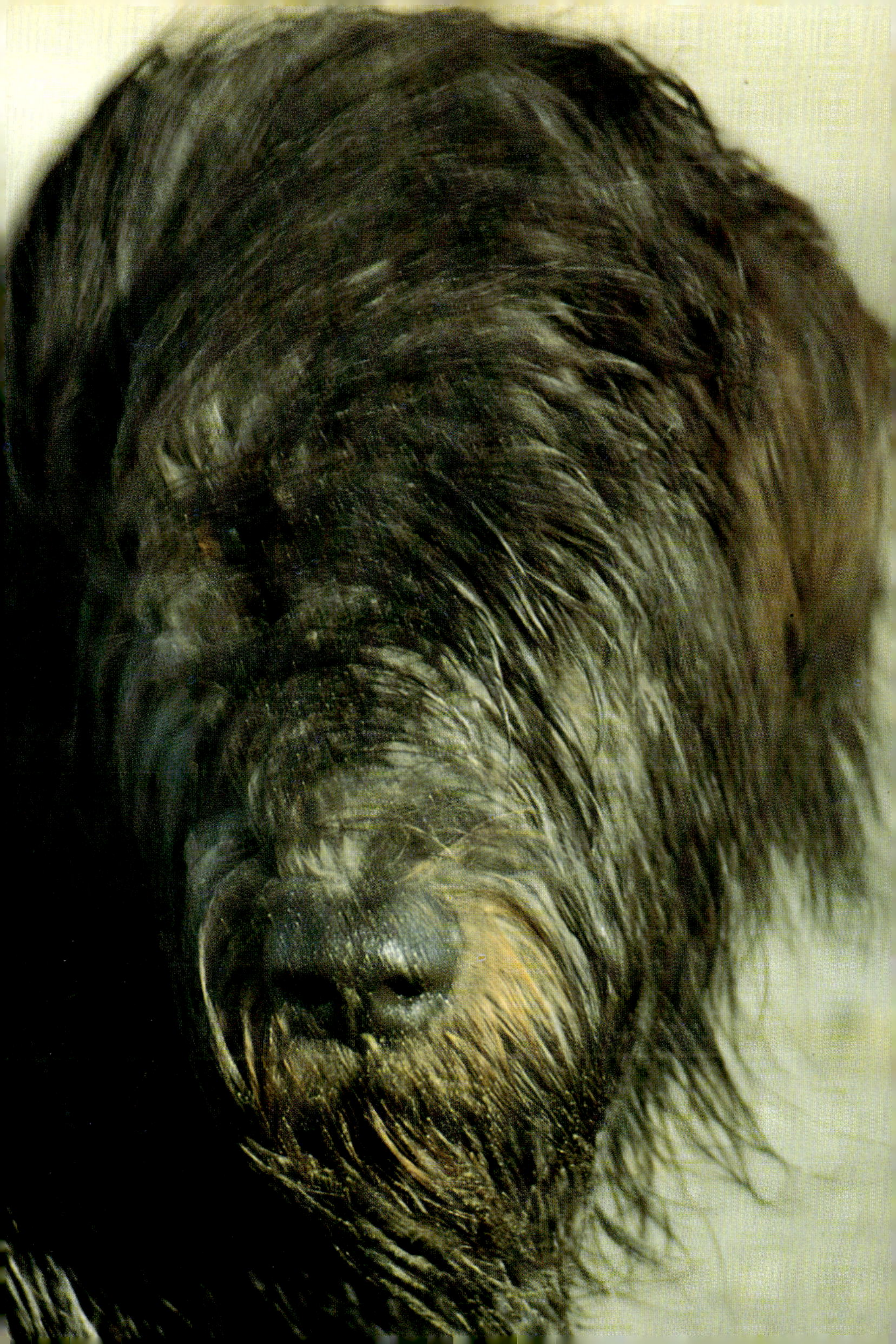

△ Wo sind Mutters Tulpen? Riechen – ein Grundbedürfnis des Hundes.
◁ Vorige Seite: Auch Hunde haben hier Probleme mit dem Ablesen der Mimik.
   Foto: Heike Froloff
▽ Riechen muss erlaubt sein. Die anal-genitale Kontrolle ist zur Verständigung zwingend notwendig.

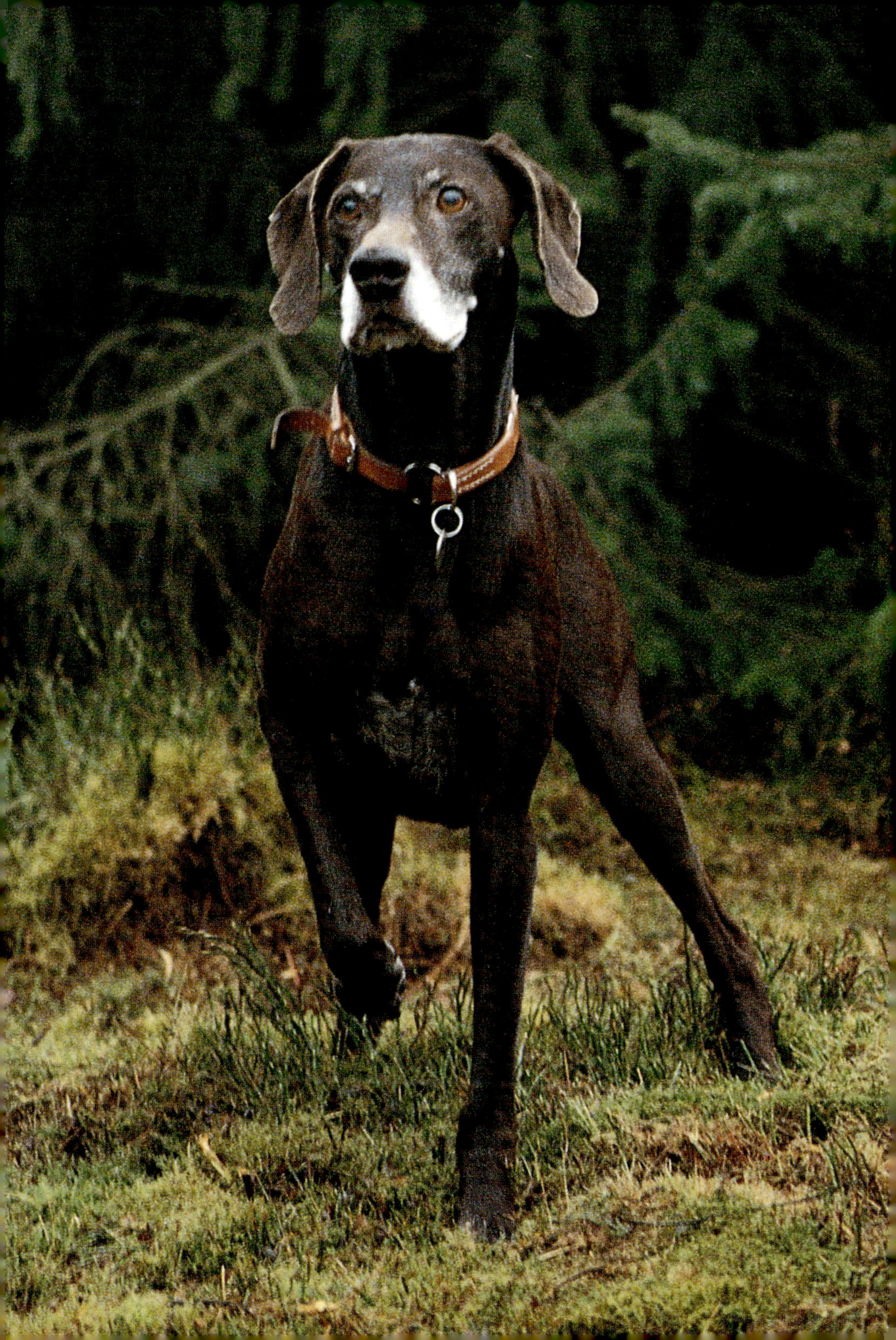

△ Interessiert sich ein Hund für eine bestimmte Stelle, weckt er damit sofort die Aufmerksamkeit anderer Hunde.
◁ Vorige Seite: Bei der Fernorientierung werden Ohr und Auge eingesetzt. Foto: H. Börner
▽ Der Hundeliebhaber wird alles dafür tun, damit sein vierbeiniger Freund nicht eines Tages im Tierheim landet.

Der Wolf, ein Meisterwerk der Natur. Das Gesicht wird von einer helleren Farbzeichnung eingerahmt, um die Mimik hervorzuheben. Studieren Sie das Bild einmal genau, dann werden Sie noch mehr Details in der Gesichtszeichnung entdecken, die zu einer klaren und deutlichen Verständigung mit anderen Wölfen beitragen.

Die Natur, diese Meisterin, macht auch bei Details keinen Fehler.

Sehen Sie nur, wie die helleren Backen das Gesicht gleichsam hervorheben und wie das näher bei den dunkleren Lippen liegende Fell heller bleibt. Dem „Stirnrunzeln" dient die dunklere Markierung zwischen den Augen. Die Augen sind durch hellere Farben eingerahmt. Die Augenbrauen haben kräftig abweichende Farben. Die Außenkanten der Ohren sind dunkler und das Innere heller. Ein Zusammenspiel zwischen Farbe und Licht, das alle Details zu einem harmonischen Ganzen ordnet.

Dunkleres und helleres Fell bilden zueinander einen Kontrast, um die Mimik zu verstärken. Ein Hund mit hellen Augen hat oft einen schwarzen Rahmen, ein Hund mit einem hellen Gesicht kann einen dunklen Kragen oder schwarze Backen haben. Perfektion im Zusammenspiel.

### Der einfarbige Hund

So kann man sich nun die Frage stellen, wie kommuniziert ein einfarbiger Hund? Hat er Probleme, seine mimische Botschaft zu vermitteln? Er entbehrt ja der Unterstützung durch Farben.

Doch, er kommt normalerweise ausgezeichnet zurecht. Sehen Sie zum Beispiel meinen Hund Ludde. Er ist kohlrabenschwarz. Aber Sie werden bemerken, wie sich das Licht im Fell bricht, weil es in verschiedene Richtungen wächst. Sie

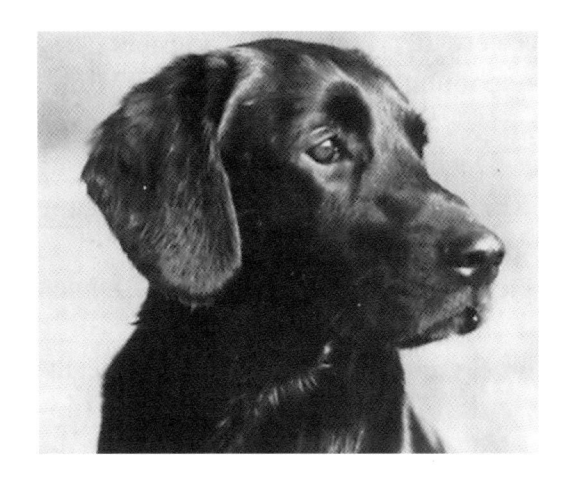

*Hat ein einfarbiger Hund Probleme, seine mimische Botschaft zu vermitteln? Keineswegs.*

erkennen, wie das Gesichtsmuster deutlich hervortritt. Durch die Struktur des Felles wirkt es, als würde es um die Augen herum leuchten.

Machen Sie doch einmal eine Pause beim Lesen und studieren Sie bei Ihrem eigenen Hund eingehend das Fell und die Farben des Gesichtes. Vielleicht entdecken Sie Kleinigkeiten und Details, über die Sie früher nicht nachgedacht haben.

### Die Augen

Der wichtigste und bedeutungsvollste Teil bei der mimischen Ausdrucksweise ist der Blick. Unsere Hunde sprechen vor allem mit den Augen. Darin liegt auch die Begründung, dass ihr Blick so ansprechend und so reich an Variationen ist.

Sehen Sie diesen Rüden, der einen Konkurrenten, einen anderen Rüden, im Auge hat, den er nicht mag. Die Schärfe des Blickes gleicht dem Ausdruck eines Habichts. Die Pupillen ziehen sich zusammen. Der Blick bekommt einen steifen, starren Ausdruck, fest und drohend.

*Hunde sprechen vor allem mit den Augen.*

Da verschwindet der Konkurrent außer Sichtweite. An seiner Stelle taucht plötzlich eine Hündin auf, die ihm offenbar Sympathie entgegenbringt. Seine Augen scheinen sofort eine Veränderung von der Habichtsform zur Herzform durchzumachen. Wie Seifenblasen scheinen plötzlich kleine Herzen aus dem nun warmen Blick und den großen liebevollen Pupillen aufzusteigen (s. Abb. S. 68).

Der Blick ist fantastisch dazu geeignet, eine Botschaft zu vermitteln. Das kann man auf eine einfache Art auch zu Hause erfahren. Man braucht sich nur an den Esstisch zu setzen. Plötzlich hat man an seiner Seite – keinen Hund: Nein, einen Hypnotiseur! Die ganze Nasenpartie des Hundes wirkt verlangend. Auffordernde Hundeblicke fixieren die Mahlzeit. Er schaut nicht auf die Person, die isst – er macht bloß einen

*Ist das ein anderer Rüde, den ich hier sehe...?*

*O nein! Das ist ja eine Hündin.*

blitzschnellen Augenaufschlag. Nein, das Essen auf der Gabel wird studiert.

Der Blick hat etwas stark Hypnotisierendes an sich. Ein Saugen, so kräftig, dass man es beinahe spürt, wie sich die Gabel zum Hund biegt...

*Steht das Essen auf dem Tisch, wird der Hund zum Hypnotiseur.*

Man kann den Hund auch in einer anderen Rolle am Esstisch erleben: „Der Hungernde". Die Lieblingsrolle bestimmter Hunde. Allein mit den Augen erzählt er uns, dass mindestens 14 Tage vergangen seien, seit er das letzte Mal eine anständige Mahlzeit bekommen habe. Dies scheint eine sehr erfolgreiche Auswirkung auf bestimmte Personen zu haben, die sich durch diesen geschickten Hund hereinlegen lassen.

### Die Umgebung der Augen

Rund um die Augen gibt es eine ganze Skala von Ausdrucksmöglichkeiten, die in Verbindung mit dem Blick verschiedene Botschaften aussenden können. Dort sitzen nämlich eine Reihe kleiner Muskeln, die auf verschiedene Weise arbeiten. Sind alle Muskeln entspannt, haben die Hunde einen runden Blick. Wenn die Muskeln gespannt sind, wird der Blick schärfer. Die Augen können ihre Form ändern, sie können sich erweitern oder schmäler werden. Die hellere Umgebung um die Augen herum markiert dies deutlich. Sie bewirkt, dass die anderen Hunde sie genau erkennen können.

Die Augenbrauen sind deutlich gekennzeichnet, oft mit abweichenden Farben. Die Haare der Augenbrauen wachsen auf eine andere Art als das Fell rundum. Das betont sie selbst bei einfarbigen Hunden. Dadurch, dass sie kleine „Beulen" bilden, werden sie noch mehr hervorgehoben, sie wirken dabei etwas hervorstehend. Einige längere und kräftigere Haare tragen ferner zu deren deutlicher Markierung bei.

Es ist interessant, die Bewegungen der Augenbrauen zu studieren. Diese ist nämlich gleichsam menschlich. Bei Wut ziehen sie sich zusammen und abwärts gegen den Nasenrücken. Bei Angst und Unterwerfung werden sie nach oben und außen gegen Stirn und Schläfen gezogen.

*Die Augenbrauen des Hundes sind deutlich gekennzeichnet.*

Bei Wut zieht sich die Haut unter den Augen nach oben, sodass es aussieht, als würde der Hund die Nase runzeln. Die Unterkante der Augen presst sich nach oben und es ergibt sich ein vor Wut glühender Blick.

Die Pupillen verstärken ebenfalls die Botschaft. Sie werden nämlich größer, wenn sie etwas Interessantes oder Erschreckendes wahrnehmen. Eckhard Hess, ein bekannter Forscher der Universität von Chicago, hat die Reaktion der Pupillen bei Menschen in verschiedenen Situationen beobachtet. Nach aller Wahrscheinlichkeit ist deren Verhalten dasselbe wie bei Hunden.

Bei ausgewogenen, behaglichen Gefühlen wie bei Freude, positiver Erwartung und wohlwollendem Interesse werden die Pupillen der Augen größer. Wut, Furcht und Unruhe verkleinern sie. Bei einem sehr starken Schrecken sieht man in jedem Fall, dass die Pupillen sich ausweiten. Es fällt so mehr Licht in

*Der Schäferhund runzelt die Nase.
Irgend etwas macht ihn wütend.*

das Auge, und sie sehen daher aus, als würden sie leuchten. Der Grund hierfür sind die Reflexe auf der Netzhaut.

Für uns gilt, dass Menschen, die große Pupillen haben, anziehender wirken als diejenigen, die kleine haben. Unbewusst fassen wir große Pupillen als ein Zeichen dafür auf, dass der andere ein positives Interesse an uns hat. Dies ist der Grund

*Weiten sich die Pupillen, fällt
mehr Licht in das Auge, die Augen
„leuchten".*

dafür, dass früher manche Damen den die Pupillen erweiternden Stoff „Belladonna" verwendeten.

Es ist schwer zu sagen, ob die Hunde die Pupillenerweiterung als einen wichtigen Faktor der „Blick-Sprache" auffassen oder ob sie überhaupt einen Teil zu dieser Sprache beiträgt. Aber sie kann ganz sicher zum Verstärken verschiedener Botschaften beitragen.

Etwas, was im allerhöchsten Grade Sprache ist, ist die Blickrichtung. Ist der Blick direkt gegen einen anderen Hund gerichtet, ist das ein dominantes, provozierendes oder drohendes Signal. Unterwürfigkeit, Zurückhaltung, Friedfertigkeit, Unsicherheit oder Angst wird mit weggewendeter Blickrichtung und eventuell mit einem flackernden Blick ausgedrückt.

Verlängerter Augenkontakt – mehr als ein, zwei Sekunden – kann Dominanz oder eine selbstsichere Drohung bedeuten.

*Der schwarze Hund sagt mit einem Blick: „Ich hasse dich! Geh weiter!"*

*Freundliche Kontaktaufnahme, ohne direkten Augenkontakt.*

Speziell, wenn sowohl der Blick als auch die übrige Mimik und die Körperhaltung alle Drohsignale vermitteln.

Dies ist etwas, an das man denken sollte, wenn man einem ängstlichen Hund begegnet. Man darf ihm nie in die Augen starren. Sonst wird er noch ängstlicher, er erkennt in unserem verlängerten Augenkontakt eine Drohung. Er übersetzt die Augensignale auf diese Art, eben weil er misstrauisch gegenüber Menschen ist. Ein sicherer Hund, der Menschen gern hat, scheint den Augenkontakt nicht als direkte Drohung aufzufassen. Aber man kann dennoch sehen, dass diese Hunde nach einiger Zeit dem Blick ausweichen.

Augenkontakt, lang- oder kurzfristig, braucht aber nicht immer Drohung oder Dominanz zu bedeuten. Ein Hund kann auch aus bloßem Interesse, aus Liebe oder Freude einen stetigen

*Der Meuteführer gibt den anderen Wölfen mit einem Blick den Befehl, den Kampf abzubrechen.*

Blickkontakt halten. Das beobachtet man oft im Zusammenspiel zwischen Menschen und Hunden. Hunde fixieren uns mit Blicken, die gespannte Erwartung ausdrücken, wenn etwas Spannendes geschehen soll. Zum Beispiel, wenn wir fragen, ob wir hinausgehen sollen. Sie können uns aber auch einfach nur verliebt anschauen.

In einem Naturfilm im Fernsehen bekam ich einen Eindruck davon, wie viele Botschaften ein Blick beinhalten kann.

Ein Wolfsrudel hatte einen Elch erlegt. Als sie zu fressen begannen, stürzte plötzlich ein Bär auf sie zu, um die Wölfe von ihrer Beute zu verscheuchen und sich selbst daran zu mästen. Es entstand ein heftiger Kampf zwischen dem Bären und den Wölfen. Der Bär war viel zu stark, und mehrere Wölfe bekamen heftige Hiebe mit den Tatzen. Und plötzlich geschah es: Der Rudelführer sandte den anderen einen schnellen Blick zu. Und im nächsten Augenblick gaben alle den Kampf auf. Selbst in der Hitze des Kampfes hatten die Wölfe untereinander

Kontakt. Sie sahen mehrmals auf ihren Führer und hielten Kontakt mit ihm. Als dieser den Kampf als hoffnungslos beurteilte, vermittelte er diese Botschaft mit einem einzigen Blick, und alle brachen den Angriff ab.

Diese Sequenz kann sicher auf vielfältige Art ausgelegt werden. Aber ich sah, wie Blick und Gegenblick in der Hitze des Kampfes mehrmals zwischen den Wölfen ausgetauscht worden sind. Und ich bin sicher, dass diese Botschaften mehr beinhalten, als wir Menschen je begreifen können.

### Die Ohren

Die Ohren sind auch im allerhöchsten Grad an der Mimik beteiligt. Nach hinten gerichtet sind sie typisch für Unterwerfung, nach vorne gerichtet für Dominanz und Drohung. Aber

*Nach hinten gerichtete Ohren sind typisch für Unterwerfung.*

dies ist nicht die ganze Wahrheit. Wenn ein Hund an dem einen oder anderen interessiert ist, sind die Ohren nach vorne gedreht. Bei einer Beißerei legen die Hunde die Ohren nach hinten, vielleicht auch um sie zu schützen.

Es gibt auch eine Reihe von Zwischenformen. Ein Hund kann knurren und drohend erscheinen, dabei aber die Ohren nach außen richten oder nach hinten ziehen. Dies bedeutet, dass er in seiner Drohung unsicher ist.

Viele Rassen haben hängende Ohren, aber es sind dieselben Muskeln, die den Winkel der Ohren steuern. Es bleibt letztlich nur ein kleiner Unterschied. Die nach hinten gerichteten Ohren hängen ständig herunter, aber sie ziehen nach hinten und liegen eng an den Halsseiten. Die nach vorne gerichteten Ohren ähneln Elefantenohren.

**Die Schnauze**

Auch das Maul kann eine mimische Botschaft vermitteln. Die Lippen sind dunkel, oft schwarz. Dadurch bilden sie einen scharfen Kontrast zu den weißen Zähnen und der häufig helleren Umrandung durch die Backen. Sowohl die Zähne als auch die Lippen werden hervorgehoben.

Die Partie um die Lippen und die Zähne herum ist für die Hundesprache ziemlich wichtig. Hunde wenden bei Streitigkeiten in der Regel die unerhörte Stärke, die in einem Biss liegt, als letzten Ausweg an. Beispielsweise nutzen sie in Verbindung mit einer Drohung zuerst alle anderen Signale aus. Sie knurren und sehen aggressiv aus, sowohl in ihrer Mimik als auch in ihrer Körperhaltung.

Sie heben den Hals, stellen die Bürste auf, richten den Körper und den Blick gegen den Feind, entblößen die Zähne, bekommen „Stirnrunzeln" zwischen den Augen, ja, sie führen,

*Die dunklen Lippen bilden einen scharfen Kontrast zu den weißen Zähnen.*

*Die Haltung des Schäferhundes drückt neben der Aggression auch Angst und Unsicherheit aus. Der Labrador ist vom Angriff etwas überrascht, aber seiner Sache sicher.*

kurz gesagt, all die wirksamen Signale vor, die den anderen warnen sollen.

Um die Drohung weiter zu verstärken, ohne zu beißen, markieren sie ein Schnappen in der Luft, gut sichtbar, sodass der andere Rachen und Zähne sehen kann. Der Mund soll daher gut markiert sein, damit der Gegner deutlich ablesen kann, dass dies vielleicht die letzte Drohung ist, bevor eine wilde Beißerei ausbricht.

Wenn die Hunde älter werden, werden sie oft grau an den Seiten der Nase, am Kinn und etwas an der Backe. Dadurch treten die dunkleren Lippen noch deutlicher hervor. Ist das vielleicht eine der Ursachen, weshalb das Fell grau wird? Vielleicht deshalb, damit der ältere Hund sich nicht in einen Kampf einlassen muss, um seine Autorität zu erhalten? Erzählt er allein kraft seiner Körperhaltung und seines Mienenspiels einem Emporkömmling, wo dieser hingehört? Deutliche Körpersignale können nämlich einem Hund oft den Kampf ersparen, und der ältere Hund muss sich nicht in einen Kampf mit einem jüngeren und geschmeidigeren Gegner durchsetzen.

Bei Unsicherheit und Unterwürfigkeit werden die Mundwinkel nach hinten gezogen. Ist die Unsicherheit mit Aggressivität kombiniert, werden die Zähne entblößt, sodass man das ganze Gebiss sehen kann. Bei Sicherheit und Dominanz werden die Mundwinkel nach vorne geschoben. In Kombination mit Aggression werden ebenfalls die Zähne gezeigt. Aber in diesem Fall sieht man nur die Eck- und die Vorderzähne. Die meiste Muskulatur befindet sich in der Oberlippe, vor allem deshalb, damit die Zähne des Oberkiefers entblößt werden können. Die entblößten Zähne des Oberkiefers sind also ein Drohsignal. Dasselbe Signal bedeutet bei uns Menschen das Gegenteil: wir lächeln. Es gibt keinen Zweifel, dass ängstliche Hunde eine lächelnde Person häufig missverstehen und als Bedrohung auffassen.

# Kapitel 4: Lautsprache

Die Angehörigen der Hundefamilie haben eine bemerkenswert große Menge von Lauten zur Verfügung, um ihre Körpersprache zu ergänzen. Es gibt Laute für Zusammenrufen, Einsamkeit, Sehnsucht, Genuß, Machtdemonstration, Ungeduld, Unterwerfung und vieles mehr. Es ist eine reiche Sprache mit vielen Variationen. Auch diese Sprache kann – wie die Körpersignale – alle möglichen Gefühle vermitteln.

So wie wir die Körpersprache und die Mimik unserer Hunde lesen lernen müssen, müssen wir auch lernen, die lauten Mitteilungen, die die Hunde verwenden, zu hören und deren Variationen zu verstehen.

## Heulen

Das Heulen ist bei unseren modernen Hunden nicht so üblich. Bei ihren gemeinsamen Vorfahren, den Wölfen, spielt dieser Laut aber eine große Rolle. Untersuchungen haben gezeigt, dass er von einem tiefen Baß bis zu einem hohen Tenor variieren kann. Dieser Laut hat viele Funktionen.

*Das Heulen der Wölfe demonstriert den Besitzanspruch eines Rudels auf ein bestimmtes Revier.*

### Zeigen des Reviers

Einer der Gründe, weswegen Wölfe heulen, ist die Demonstration ihres Reviers, ihres Territoriums. Das Heulen ist auch in weiter Entfernung gut zu hören und es ist für die anderen Rudel ein Hinweis, dass dieses Territorium besetzt und bewacht ist. Eine Art „Lautzaun". Wagt sich ein Rudel in ein fremdes Revier, dient ihnen das Geheul als Warnung, und sie können dadurch einer Konfrontation ausweichen. Das Heulen hält die Parteien voneinander getrennt und verhindert dadurch viele Konflikte und Blutvergießen.

### Zusammenhalt

Ein anderer Grund, weshalb Wölfe heulen, ist die Stärkung des Zusammenhalts im Rudel. Vor allem während der Jagd, wenn sie sich voneinander entfernt haben.

Dem Heulen im versammelten Rudel folgen viele Freudenäußerungen, Gunstbeweise und Unterwerfungssignale. Der Schwanz wedelt eifrig, die Wölfe schmiegen sich aneinander, und die Jüngeren lecken den Älteren an den Mundwinkeln. Sie scheinen ihr Heulen zu lieben.

Es beginnt damit, dass ein einzelner Wolf mit dem „Singen" beginnt. Sofort werden die anderen angesteckt. Unter großen Zärtlichkeitsbeweisen laufen sie untereinander herum, führen den Schnauzenstoß aus, lecken einander an den Mundwinkeln, kläffen und beginnen zu heulen. Zuerst etwas unsicher und zögernd, bald lang gezogener und einmütig. Der Schwanz wedelt die ganze Zeit, die Töne steigen und fallen in harmonischem Rhythmus.

Beobachter solcher Heulsinfonien haben erzählt, dass die Wölfe offensichtlich ihren Gesang genießen. Er scheint die soziale Bindung zwischen den Gruppenmitgliedern zu stärken. Dadurch erinnert ihr Heulen an unseren eigenen Gesang in der Gemeinschaft. Weshalb? Es ist möglich, dass auch wir „im Rudel heulen", um unseren Zusammenhalt zu stärken. Ein Verhalten, das seit grauer Vorzeit tief in uns verwurzelt scheint.

Man kann es auch vergleichen mit dem „Anspornen" der Spieler vor einem Eishockeyspiel.

Gleichsam wie Wölfe stehen die Eishockeyspieler beieinander. Sie legen einander die Arme auf die Schultern und „heulen" sich in eine Hochstimmung, bevor sie sich in das Spiel stürzen.

*Das Heulen dient auch dem Herbeirufen von Rudelangehörigen.*

### Zusammenrufen

Ein weiterer Grund um zu heulen ist die Kontaktaufnahme und das Zusammenrufen der Rudelkameraden. Das Heulen wird weit über die Landschaft hinausgetragen. Es wird gezeigt, wenn die Wölfe voneinander getrennt sind.

Außerdem ist es allgemein üblich, dass sich das Rudel im Sommer auflöst. Wollen sie sich wieder versammeln, „rufen" sie sich gegenseitig mit ihrem Geheul.

Das Heulen scheint einen magnetischen Effekt auf Wölfe und Hunde zu haben. Sie gehen instinktiv zu dem, der heult. Deshalb ist dieses Mittel auch so gut geeignet, Hunden das Herbeikommen beizubringen. Man braucht bloß zu heulen und sogleich kommen die Hunde herbei. Doch sollte man diese Methode nur zurückhaltend anwenden und darauf verzichten, wenn andere Menschen in der Nähe sind. Man riskiert sonst, für etwas verrückt angesehen zu werden...

Man weiß heute, dass das Heulen der Wölfe individuell ist. Jeder Wolf heult auf seine eigene spezielle Art. Die Rudelmitglieder lernen sicher die verschiedenen Besonderheiten innerhalb des Rudels kennen, so dass sie sofort wissen, wer da heult.

### Gegenseitiges Stimulieren

Das Heulen ist auch ansteckend. Heult einer, kann der andere nicht still sein. Gewisse Tonfrequenzen wirken als so genannte Schlüsselstimuli. Das bedeutet, dass das Heulen eines Wolfes die Kameraden animiert, umgehend mit einzustimmen.

Das ist auch der Grund, weshalb unsere Hunde heulen, wenn wir selbst heulen oder auf bestimmten Musikinstrumenten spielen. Auch Sirenen und ähnliche Laute können einen solchen Schlüsselstimulus (Reiz) auslösen und unsere Hunde veranlassen, mit Heulen zu antworten. Sie werden davon angesprochen, weil er gleichzeitig ein Signal des Zusammenhaltes ist.

Früher glaubte man, dass es den Hunden in den Ohren weh täte, wenn man auf einem Musikinstrument spielte, und die Hunde zu heulen begännen. Aber bereits die Tatsache, dass die Hunde zu demjenigen, der spielt, hingehen, widerlegt dies. Außerdem sieht man, dass die Hunde dies gerne haben.

### Einsamkeit

Hunde können ebenfalls vor Einsamkeit heulen, wie die Wölfe. Ein Hund, der alleine zu Hause gelassen wird, kann zu heulen beginnen. Er möchte Kontakt mit seinen „Kameraden" haben – den Familienmitgliedern. Für ein Rudeltier wie den Hund ist eine erzwungene, lang andauernde Einsamkeit ganz falsch. Für einen Hund, der viel allein ist, sind Zusammenhalt und Kontakt Mangelware. Ein erwachsener Hund kommt gut damit aus, einige Zeit alleine zu Hause zu sein. Aber es ist unnatürlich, wenn wie so häufig Hunde gezwungen werden, sieben, acht oder noch mehr Stunden isoliert von ihrem „Rudel" zu verbringen. Hier ist das Heulen der Hunde ein Symptom der Entbehrung.

### Übung macht den Meister

Je öfter ein Hund das Heulen praktiziert, desto leichter ist es, ihn dazu zu animieren. Ein Teil der Hunde heult beim kleinsten Laut lang und ausdauernd. Es gibt Leute, die zu Hause nicht singen können, da ihr Hund sofort mit einstimmt.

Viele Hundehalter haben schon zusammen mit ihren Hunden geheult, nur um deren Heulverhalten zu studieren. Das ist höchst interessant. Ich möchte Sie daher auffordern, es selbst einmal zu probieren. Aber übertreiben Sie es nicht! Sie gehen sonst das Risiko ein, Ihren Hund so zu trainieren, dass er es mit der Zeit häufig tut, so dass Sie es später bitter bereuen. Der Heulton ist sehr durchdringend und kann Ihnen den wütenden Protest Ihrer Nachbarn eintragen.

Vor einiger Zeit haben einige an Wölfen Interessierte in Nordamerika eine „Heulexpedition" gestartet. Eine Gruppe zog hinaus in die Wildnis und begann wie ein Wolfsrudel zu heulen. Echte Wölfe antworteten fasziniert, und es war gar nicht selten, dass die Tiere sich der heulenden Gruppe näherten und dass beide einen Augenblick durch den „Gesang" miteinander verbrüdert waren wie durch ein unsichtbares Band.

## Bellen

Von allen Lauten ist das Bellen derjenige, der die unterschiedlichsten Bedeutungen haben kann. Ein Hund kann bellen, um die Aufmerksamkeit auf etwas zu richten oder von etwas abzulenken, um zu warnen oder zu bewachen, als Spielaufforderung, um zu drohen oder einzuschüchtern, weil er Angst hat oder bei der Jagd. Er kann auch anstelle eines Angriffs bellen, zum Beispiel in Situationen, in denen er angebunden ist, sich hinter einem Zaun befindet oder in einem Auto sitzt. Das Bellen kann hell oder dunkel sein, kurz oder lang gezogen.

## Das Erregen von Aufmerksamkeit

Hunde finden schnell heraus, dass sie durch ihr Gebell Aufmerksamkeit erregen. Allerdings ist es keine angenehme Aufmerksamkeit, die sie dadurch erregen, sie werden oft dafür ausgeschimpft. Aber auch hierdurch zeigt man dem Hund seine Aufmerksamkeit, der dies als eine Art der sozialen Belohnung auffasst. Es bedeutet wenig, wenn dies in einem zornigen Tonfall geschieht. Das, was wir als eine Bestrafung des Hundes ansehen, nämlich dass wir wütend werden, wird stattdessen als eine Belohnung verstanden, mit der Aufforderung, damit weiterzumachen.

Wenn man mithilfe eines Trainings versuchen möchte, diese Art des Bellens, welche mit der Zeit eine Form von regelrechtem Terror annehmen kann, zu beseitigen, sollte man den Hund, während er bellt, nicht bestrafen. Das verstärkt nur den Ungehorsam. Es ist weitaus erfolgreicher, sofort den Raum zu verlassen, sobald der Hund mit dem Bellen beginnt. Oder dafür zu sorgen, dass er in anderen Situationen so viel Aufmerksamkeit erhält, dass er nicht auf diese Art danach zu streben braucht.

*Durch Bellen versuchen Hunde Familienmitglieder auf sich oder etwas anderes aufmerksam zu machen, z.B. ein Tier am Waldrand.*

Eine normale Aufgabe des Bellens ist es, die Aufmerksamkeit der Kameraden, also der Familienmitglieder, auf sich oder auf etwas anderes zu richten.

Das kann eine Person sein, die sich nähert, oder ein Tier am Waldrand. Es ist eine Grundfunktion des Bellens. Viele glauben, dass ein Hund bellt, um etwas, das er entdeckt hat und das unheimlich wirkt, zu erschrecken. Hunde bellen vor allem, um ihren Kameraden Bescheid zu geben, dass da etwas kommt oder so nahe beim Rudel ist, dass dadurch eine Bedrohung entsteht. Erst in zweiter Linie möchte er mit seinem Bellen einen eventuell Fremden erschrecken.

### Vor Gefahr warnen

Es war das warnende Bellen, das vor 10 000 bis 15 000 Jahren den Grundstock für eine Verbindung zwischen unseren und den Vorfahren unserer Hunde bildete. Hunde hören und riechen gut, so dass sie Feinde frühzeitig entdecken können. Mit ihrem Bellen können sie dann vor Gefahren warnen und die Aufmerksamkeit auf den Unwillkommenen lenken.

Oft bewegt sich der bellende Hund gegen den „Feind". Manchmal nur mit wenigen, ganz schnellen Schritten, aber häufig rast er auch auf ihn zu. Das Bellen besteht aus einem kurzen, schnellen, sich wiederholenden Kläffen im Stakkato. Hunde entfernen dabei selten ihre Augen von dem, was sie anbellen.

### Probleme durch das Bellen

Diese Art des Bellens, um die Aufmerksamkeit auf etwas zu richten, kann oft zu einem Problem werden. In hohem Grade durch unser eigenes falsches Verhalten bedingt. Mit unserem aufgeregten Versuch, den bellenden Hund zu dämpfen, reizen wir ihn nur noch mehr. Er begreift, dass wir erregt sind und ihn bei der Lösung seiner wichtigen „Aufgabe" unterstützen wollen.

### Bellen bedeutet „Alarm"

Bellen, aus der Sprache des Hundes direkt übersetzt, bedeutet „Alarm". Der Hund alarmiert seine Kameraden und warnt sie, dass sich ein Feind nähert. Wird dies beachtet, wächst das Verständnis für die eigenen Fehler, die begangen werden, und es kann erkannt werden, was zu tun ist, um richtig zu reagieren.

So zum Beispiel, wenn Hunde ungeheuer kläffen, sobald es an der Tür klingelt. Es geht ja nicht darum, denjenigen, der da kommt, zu erschrecken. Sondern es handelt sich um die Mitteilung, dass da jemand kommt. Ist er allein zu Hause, und es klingelt an der Tür, geschieht es selten, dass er bellt. Er hat ja niemanden, den er alarmieren könnte.

Stellen Sie sich einmal einen typischen ruhigen Abend zu Hause vor. Vater sitzt in seinem schönen Lehnstuhl und hat es sich mit der Zeitung gemütlich gemacht. Im Schlafzimmer liegt der Hund in tiefem Schlaf auf dem Bett. Das kleine Kind wird ins Bett gebracht. Das Haus liegt in tiefem Frieden ...

Da läutet es an der Tür!

Noch bevor die Glocke ausgeläutet hat, ersäuft man gewissermaßen im heftigen Gebell des Hundes. Man hört, wie der Hund, wild bellend, förmlich vom Bett fliegt. Quer durch alle Zimmer und hinaus zur Haustür geht dann die wilde Jagd. Der Hund bellt bei jedem Sprung. Das klingt nicht länger wie ein Hund, nein, eher wie eine Kreuzung zwischen einem Krokodil und einer Maschinenpistole!

*Es hat geklingelt. Gemeinsam stürzen Herr und Hund zur Tür.*

Als er an Vater vorbeirast, der in seinem Stuhl sitzt und bei jedem Bellen zusammenzuckt, wirft er ihm einen kurzen Blick zu und rast weiter zur Tür.

Der Hausherr ist empört und wütend. „Verdammter Hund", ruft er, schmeißt die Zeitung weg und rennt hinter dem Hund her. Er bleibt ihm dicht auf den Fersen und fordert ihn brüllend auf, ruhig zu sein: „Sei still! Ruhig! Halt das Maul! Verdammter Hund!" Das letzte Stück zur Tür rast der Hund, wild bellend, mit dem brüllenden Vater hinter sich.

Hat der Hund die Tür erreicht, springt er mit wildem Gebell dagegen, als wolle er versuchen, direkt durch sie hindurchzuspringen. Der verzweifelte Hundebesitzer beugt sich nieder zu seinem Hund und schreit ihm in die Ohren: „Halt's Maul!"

Doch der Hund bellt nur noch mehr. Mit vor Zorn rotem Kopf fasst Vater den bellenden Hund am Nackenfell, schüttelt ihn ein paarmal hin und her und schreit: „Ich sage, halt's Maul!"

Aber der Hund bellt nur noch wilder. Der arme Hundebesitzer ist mit seinem Latein am Ende. Er schlägt den wild bellenden und springenden Hund mit der Hand. Die Schläge treffen dessen Rücken, aber in seinem erregten Zustand scheint der Hund dies gar nicht zu beachten. Er gebärdet sich wie rasend...

Hier wollen wir diese so alltägliche Geschichte einmal kurz unterbrechen. Wir wenden uns dem Hund zu und beobachten, wie sich diese Geschichte abspielt, wenn sie mit den Augen des Hundes betrachtet wird. Bevor wir beginnen, erinnern wir uns daran, dass Hunde bellen, um die Rudelkameraden vor etwas Unerwartetem zu alarmieren. Hunde rechnen damit, dass wir Familienmitglieder uns wie gute Kameraden aufführen, helfen und zueinander stehen.

Wir gehen nun zu dem Zeitpunkt zurück, unmittelbar bevor das Unglück mit dem Läuten an der Tür begann. Die Welt atmet Frieden, man hört Vater in der Zeitung blättern. Der Hund auf dem Bett schläft tief mit dem Kopf auf dem Kissen. Er träumt behaglich...

Plötzlich klingelt es an der Tür!

Mit einem Sprung startet der Hund aus dem Bett und bellt aus vollem Hals. Übersetzen wir diese Lautäußerung in die Menschensprache, so bedeutet dies: „Alarm! Alarm!"

Der Hund springt auf den Fußboden und rast zur Tür. Die ganze Zeit, bei jedem Sprung, ruft er: „Alarm! Alarm! Da kommt jemand! Alle Kameraden aufwachen, kommt mit zur Tür!"

Der Hund rennt in wilder Jagd an seinem Herrchen vorbei. Der arme Mann sieht ganz bleich und angespannt aus. Der Hund wirft ihm im Vorbeirasen einen Blick zu, der übersetzt bedeutet: „Komm mit, Herrchen, hilf mir!"

Und was für ein tolles Herrchen! Die Zeitung – sein allerliebstes Spielzeug – wirft er auf den Boden, bloß um hinauszurennen und zusammen mit seinem Hund zu bellen. Und wie er doch bellen kann! Ja, noch besser als sein Hund. Eine schnelle Übersetzung von Herrchens wildem Ausbruch in die Hundesprache bedeutet: „Wau! Wau! Wau! Wau!"

Der Hund fühlt sich durch seinen Herrn unterstützt, während die beiden gemeinschaftlich mit viel Lärm zur Tür rasen. Direkt an der Tür gibt der Hund nun sein Bestes. Er schimpft, so laut er kann, und springt gegen die Tür. Aber das ist offensichtlich nicht genug für seinen Herrn. Der beugt sich nieder und schreit nun so richtig erregt direkt in das Ohr des Hundes: „Wau! Wau! Wau!" Der Hund wird angestachelt, sich aufs Äußerste anzustrengen, und es gelingt ihm auch, noch zuzulegen.

Aber dies reicht offenbar immer noch nicht. Um noch mehr aus ihm herauszuholen, fasst Herrchen seinen Hund an der Nackenhaut und schüttelt ihn hin und her. Wirklich äußerst animierend. Der Hund steigert sich noch einmal.

Doch offenbar reicht es immer noch nicht. Spätestens zu diesem Zeitpunkt, wenn der Hund schon äußerst erregt ist, langt ihm Vater eines über den Rücken. Der leichte Schmerz bewirkt, dass der Hund die letzten Hemmungen über Bord wirft. Gleichzeitig wirft er seinem Herrn einen dankbaren Blick zu, der bedeutet: „Danke, Herrchen! Ich bin bereit! Schließ du nur die Tür auf, ich werde dann zubeißen!"

### Verschiedene Möglichkeiten, keine Aufmerksamkeit zu erregen

Ein Hund kann auf verschiedene Arten die Aufmerksamkeit von sich ablenken. In Verbindung mit der Begrüßungssituation ist es bei Welpen üblich, dass sie einen kleinen Tropfen pinkeln, um Unterwerfung zu zeigen. Die Welpen erreichen damit, dass sich bei der Begrüßung die Aufmerksamkeit mehr dem Pinkelfleck als dem Welpen zuwendet.

Ein erwachsener, selbstsicherer Hund gebraucht das Bellen, um die Aufmerksamkeit von seiner Person abzuleiten. Er kann auf diese Art aber auch die Aggression eines ihn provozierenden Hundes dämpfen. Befindet sich ein Hund in einer aussichtslosen Situation mit einem anderen Hund, der ihn zu einer Beißerei provozieren will, kann er durch Bellen dessen Aufmerksamkeit von sich ablenken. Er stößt dabei ein gedämpftes Bellen aus, das am ehesten wie „Wuff" klingt, und starrt gleichzeitig Richtung Waldrand oder auf einen Punkt in weiter Ferne. Oft schaut der Angreifer sofort in die gleiche Richtung und beginnt ebenfalls zu bellen. Vielleicht rasen sie bellend auf das „Unbekannte" zu, und es wird nichts aus der Beißerei.

### Wie man an einen Knochen kommt

Ein Hund kann mit ablenkendem Bellen einen anderen Hund auch betrügen. Vor einiger Zeit beobachtete ich zwei Hunde. Der eine lag da und nagte an einem leckeren Knochen. Der andere platzte fast vor Neid. Er wollte den Knochen ebenfalls gerne haben, wagte es jedoch nicht, hinzugehen und ihn sich einfach zu schnappen. Der glückliche Besitzer des Knochens knurrte warnend, wenn der Neider ihm zu nahe kam. So gar nichts ließ darauf schließen, dass er Besitzer zumindest eines Teils dieses Knochens werden könnte. Selbst kläffende Einladungen zum Spiel oder viele tänzelnde Sprünge schienen den Hund mit dem Knochen, der da lag und voller Genuß nagte, nicht zu beeindrucken.

Da plötzlich begann der neidische Hund laut zu kläffen und raste zehn Meter in Richtung einer Wiese. Der Inhaber des

Knochens spuckte diesen aus und rannte erregt hinter ihm her. Er begann ebenfalls wie wild zu bellen – nach nichts! Betrogen! Der andere Hund vollführte eine blitzschnelle Wendung, rannte zurück, warf sich über den Knochen und genoß seine Beute, scheinbar sehr zufrieden mit sich selbst. Das Gesicht des anderen Hundes drückte eine Mischung aus großem Erstaunen und tiefer Enttäuschung aus und außerdem etwas, das mir zu erkennen gab, dass er genau wusste, dass er hereingelegt worden war.

### Erpressung

Möchte der Hund in den Besitz eines für ihn unerreichbaren Objekts kommen, wird er oft bellen. Wenn es sich zum Beispiel um einen Leckerbissen oder ein Spielzeug handelt, an das der Hund nicht selbst herankommen kann, kann dies zum Bellen führen. Das ist dann sicherlich eine Mischung aus Frustration (weil er etwas nicht erreichen kann, das er gerne haben möchte) und gleichzeitig eine Meldung an die Umwelt, dass er Hilfe benötigt.

Die Personen in der Nähe fühlen sich häufig durch dieses unaufhörliche Gebell belästigt. Um Frieden zu erhalten, helfen sie dem Hund, damit er bekommt, was er sich wünscht. Aber das sollten sie nicht tun, denn dadurch lernt er den Wert seines Bellens als Möglichkeit der Erpressung überhaupt erst richtig kennen. Der Hund wird nun in jeder Situation, in der er etwas haben will, bellen. Früher oder später wird auch jemand kommen, der ihm hilft. Reinste Erpressung!

Beispielsweise kann ein Hund aber auch gegen die Tür bellen, um hinauszukommen. Man kann dies dann eigentlich nicht Erpressung nennen, wenn er nicht zur Unzeit und nicht ständig hinaus möchte. Es ist manchmal ein Vorteil, wenn die Hunde uns erzählen können, was sie wollen.

### Aufforderung zum Spiel

Ein spezielles, helleres Bellen mit kurzem Kläffen kann eine Einladung zum Spiel sein. Die Hunde gehen dabei mit den Vorderbeinen nach unten, das Hinterteil ragt gleich einer Fahne in die Luft und der Schwanz wedelt. Gleichzeitig mit dem Bellen des Hundes ruckt dieser mit dem ganzen Körper, als ob das Bellen aus jedem einzelnen Muskel käme. Dieses Bellen bedeutet: „Spiel mit mir. Jag mich." Diese Aufforderung ist also eine Aufforderung zum Jagdspiel, nicht zum Kampfspiel. Ein Kampfspiel wird in der Regel mit knurrenden Lauten und Körperkontakt eingeleitet.

Dieses zum Spielen auffordernde Bellen wenden Hunde oft gegenüber Menschen an. Sie sollen ihnen nachlaufen und probieren, sie zu fangen.

*Die Einladung zum Spiel beginnt mit einem hellen Bellen mit kurzem Kläffen.*

*Mit einem Stock im Maul versucht der Hund sein Herrchen zu animieren, ihn zu jagen.*

Oft wird das Bellen damit kombiniert, dass der Hund als Versuchung einen Gegenstand, zum Beispiel einen Stock, im Maul

*Mit der Leine auf und davon. Und schon beginnt die wilde Jagd.*

trägt. Der Sinn davon ist, dass man nicht widerstehen können soll, ihn zu jagen.

Ein Teil der Hunde lernt schnell, dass Herrchen oder Frauchen in Fahrt kommen, wenn sie einen unerlaubten Gegenstand entwenden. Die Familienmitglieder werden sofort ungeheuer aktiv, wenn es gelingt, die Mütze oder den Handschuh eines schreienden Kindes zu schnappen und damit abzuhauen. Herrlich! So erscheint dies jedenfalls dem Hund. Je mehr der Hund in dieser Situation gejagt wird, desto schwerer hat man es und desto öfter wiederholt sich das.

### Drohendes Bellen

Wir missverstehen leicht das Gebell des Hundes, weil wir nicht auf die Nuancen achten. Viele glauben, dass ein Hund bellt, weil er wütend ist. Aber das ist er selten. Bellen ist eher ein Ausdruck der Unsicherheit. Ein Hund, der sicher und aggressiv ist, bellt selten. Tut er es jedoch, dann ist dies ein tiefes Bellen, oft verbunden mit einem tiefen, rumpelnden Knurren.

Ein Hund, der sicher und gleichzeitig wütend ist, bleibt relativ ruhig, zeigt sich nicht besonders erregt. Er bellt nicht so viel. Bellen gehört mehr zu den stressbetonten Gefühlslagen, wie zum Beispiel bei Freude oder Angst. Das erklärt auch, weshalb man einem Hund „das Bellen" leichter beibringen kann, wenn man ihn stresst, als wenn man nur ruhig mit ihm spricht.

### Jagd und Verfolgung

Das Bellen der Jagdhunde hat viele verschiedene Variationen. Wiederholtes Bellen beim Stöbern, anhaltendes Bellen bei

*Ähnlich wie beim Wolf hebt die helle Zeichnung im Gesicht dieses Siberian Huskys die Mimik hervor.*
Foto: G. Lehari

*Bei Hunden, die sich gut kennen,*
*bedarf es nur kleinster Signale, um sich miteinander zu verständigen …*

... und schon geht das Spiel los!

Den „Schnauzenstoß" kann man auch bei erwachsenen Hunden im Spiel beobachten.
Fotos: G. Lehari

*Egal, wie groß oder wie klein ein Hund ist – die Sprache ist immer gleich.*
*Foto: G. Lehari*

der Verfolgung – bis zum festeren Standlaut. Aber das hängt mit dem Verhältnis des Hundes zum Beutetier zusammen. Deshalb ist es als Sonderfall für dieses Buch nicht so interessant, um extra beschrieben zu werden. Was wir hier beschreiben wollten, ist das Bellen als eine direkte Kommunikation zwischen Hund und Mensch sowie zwischen den Hunden untereinander.

## Knurren

Knurren ist der Laut des Hundes, der am häufigsten falsch übersetzt, missverstanden oder dem gegenüber verkehrt reagiert wird.

Wir Menschen glauben, dass das Knurren ein Ausdruck für Aggressivität ist. Das trifft jedoch fast nie zu. Es gibt verschiedene Arten von Knurren, genauso wie es verschiedene Arten von Bellen gibt. Knurren ist entweder eine Drohung oder eine Warnung. Aber normalerweise ist diese Ausdrucksform ein Zeichen der Unsicherheit und nicht der Selbstsicherheit. Es zeigt eher mangelndes Vertrauen an als mangelnden Respekt.

Es gibt viele Hunde, die wurden geschlagen, geschüttelt, gezwickt, ausgeschimpft, ja sogar getötet, und nur deshalb, weil sie geknurrt hatten. Knurren bedeutet jedoch beinahe immer: „Ich habe Angst. Ich vertraue dir nicht. Ich bin so ängstlich, dass ich daran denke, zur Selbstverteidigung zu beißen, wenn du weiter machst." Im Knurren ist in der Regel nicht die geringste Provokation zu entdecken. Nur Unsicherheit. Nicht der geringste Angriffswille, nur Widerwille gegen die Situation. Nicht der geringste Versuch, sich zu behaupten, nur

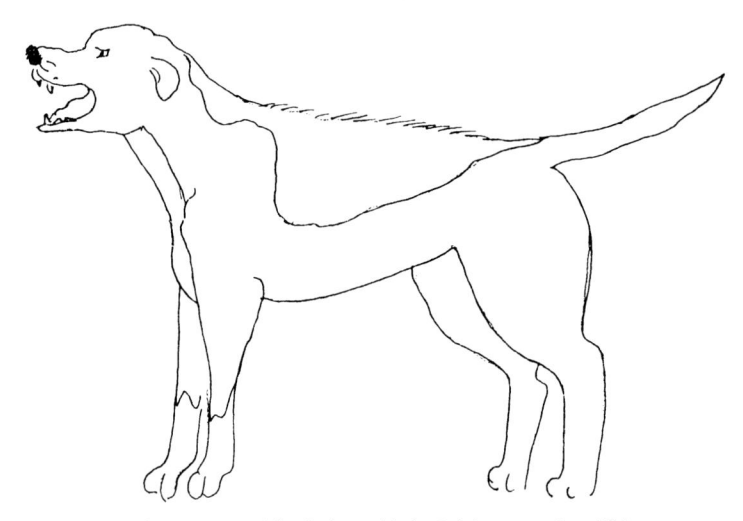

*Knurren ist ein Zeichen von Unsicherheit und kein Zeichen von Angriffslust.*

Zeichen des fehlenden Vertrauens. Wir Menschen haben es schwer, die Angst des Hundes, die sich hier zu erkennen gibt, wahrzunehmen. Wir reagieren mit Unverständnis, weil wir selbst so überempfindlich gegenüber Aggression und voller Selbstbehauptungswillen sind. Wir missverstehen ein Knurren deshalb, weil wir schnell – aber verkehrterweise – glauben, dass der Hund einen Sieg über uns errungen habe, wenn er uns erfolgreich anknurren konnte, ohne dafür bestraft zu werden. **Aber darum handelt es sich überhaupt nicht!**

Wenn ein Hund zum Beispiel bei seiner Mahlzeit oder wegen eines Knochens oder eines Spielzeugs knurrt, erzählt er uns in seiner eigenen deutlichen Sprache nur, dass er uns nicht vertraut. Der Hund glaubt, wir wollen ihm seinen Besitz wegnehmen. Er weiß nicht, dass wir zum Beispiel keine Knochen essen. In einer solchen Situation wird eine Abstrafung das Vertrauen zu uns nicht fördern.

Andere Hunde gehen einem knurrenden Hund meistens aus dem Weg. Dies gilt jedoch dann nicht, wenn es sich um ein richtig starkes, provozierendes Knurren gegen einen Hund handelt, der gleichwertig an physischer und psychischer Stärke ist. Hier kann sich das Ganze steigern und in einer Beißerei enden.

Dass ein Hund vor einem anderen, der knurrt, abdreht, hat nichts mit Rangfolge oder Prestige zu tun. Denn es kann ebenso gut ein rangmäßig hochplatziertes Tier sein, das ihm aus dem Weg geht. Aus dem einfachen Grund, weil die Hunde einander so gut verstehen, gehen sie sich aus dem Weg. Auch wir sollten ihm aus dem Weg gehen, wenn ein Hund knurrt. Er „gewinnt" dabei nicht gegen uns. Wir zeigen bloß, dass wir verstehen, dass er ängstlich und unsicher ist, und wir geben ihm eine Chance, Vertrauen zu uns zu bekommen.

### Das Bewachen der Mahlzeit

Dass ein Hund sein Fressen bewacht, entspricht seiner Wertschätzung dieser Mahlzeit gegenüber. Vielleicht ist er gerade sehr hungrig. Es kann auch sein, dass er kein Vertrauen zu den Menschen (oder Hunden) hat, die in seine Nähe kommen. Dieses Problem kann auf einfache Art gelöst werden. Eine Möglichkeit ist, das Knurren einfach zu überhören. Man unterlässt es überhaupt ganz, darauf zu reagieren. Auf diese Weise versteht der Hund, dass wir nicht daran interessiert sind, mit ihm um seine Mahlzeit zu konkurrieren.

Eine andere Möglichkeit, die sich in vielen Fällen als sehr erfolgreich erwiesen hat, um die übersteigerte Verteidigungshaltung beim Fressen abzubauen, ist die, den Hund satt zu machen, bevor man ihm seine Mahlzeit reicht. Ein satter Hund bewacht nicht im gleichen Maße sein Fressen. Die Mahlzeit bedeutet ihm dann ja nicht mehr so viel. Es ist vor allem der Hunger, der den Hund dazu bringt, seine Mahlzeit mit Knurren zu verteidigen.

Man kann die Sattheit auch künstlich durch Einwirkung auf den Hypothalamus verursachen. Der Hypothalamus ist ein Zentrum im Gehirn, das unter anderem die Zusammensetzung sowie verschiedene Komponenten einschließlich der Temperatur des Blutes abliest. Der Hypothalamus ist wie ein Raumthermostat, der die Temperatur abliest und danach seine Befehle an die Empfänger weitergibt. Dies ist natürlich sehr vereinfacht dargestellt.

Bei Hunger ist das Blut relativ arm an Blutzucker und einigen anderen Nahrungsstoffen. Nach einer Mahlzeit hat das Blut einen höheren Gehalt an diesen Stoffen. Ich habe nun einen Versuch mit hungernden und damit futterbewachenden Hunden durchgeführt. Dabei habe ich diesen Hunden einige Zeit vor der Mahlzeit Traubenzucker gegeben. Traubenzucker wird vom Körper leicht aufgenommen. Er wird als Blutzucker zum Gehirn transportiert und dort vom Hypothalamus als ein Zeichen für Sättigung abgelesen. Je nach Körpergewicht gibt man dem Hund 1 bis 2 Tabletten 8–10 Minuten vor der Mahlzeit. (Der Zeitpunkt kann individuell sein.) Die Tabletten kann man in den meisten Lebensmittelgeschäften kaufen. Wenn man dann später dem Hund seine Mahlzeit serviert, hat er nicht die gleichen Hungergefühle wie sonst. Er frisst ruhiger und bewacht weniger. Die Mahlzeit ist weniger dramatisch. Nach ein bis zwei Wochen kann das Problem ganz verschwunden sein. Ist das Problem des übersteigerten Bewachens der Mahlzeit oder des Knochens geblieben, sollte dieses analysiert und eingehender behandelt werden. In so einem Fall möchte ich auf mein Buch „Hundeprobleme – Problemhunde?" hinweisen.

**Das drohende Knurren**

Es gibt eine Art des Knurrens, die ernst gemeint ist. Ein tiefes, bassartiges Knurren, provozierend und spannungsvoll. Es kommt gewöhnlich unmittelbar vor der Einleitung eines Angriffes. Es ist gewiss ein Bestandteil der „Schreckpropaganda" des Hundes. Die Hunde übermitteln zuerst ein ganzes Register von Seh- und Hörsignalen, um den Gegner abzuschrecken, bevor sie eine Beißerei beginnen (siehe Abschnitt „Brüllen").

Diese Form des Knurrens richtet sich nur äußerst selten gegen Menschen. Man hört es meist in der Verbindung mit einer Beißerei. Wenn man es einmal zu hören bekommt, hat man keinerlei Zweifel an dessen Bedeutung. Es geht einem durch Mark und Bein.

# Winseln und Kläffen

Kleine Welpen haben eine Menge verschiedener Winsellaute. Diese können variieren von kläffenden bis zu zischenden Lauten. Selbst erwachsene Hunde können Winsellaute hervorbringen, die an Welpenlaute erinnern.

Diese Laute werden bei der aktiven Unterwerfung, zum Beispiel bei der Begrüßung eines dominanteren Hundes oder einer Person, gebraucht. Sie werden mit der Körperhaltung und Mimik kombiniert, die Unterwerfung zeigen.

Wenn erwachsene Hunde diese Laute verwenden, machen sie sich klein und welpenähnlich – kindlich – gegenüber dem Dominanteren. Kindlichkeit (Welpenähnlichkeit) ist Bestandteil der aktiven Unterwerfungsdemonstration.

# Schreien

Ein Hund, der gewaltig erschreckt, schockiert oder verletzt wird, schreit vor Entsetzen oder vor Schmerz. Es ist ein langer, hoher und schriller Schrei, kräftig und angsterfüllt.

Dieser Laut kann manchmal einen furchtbaren Einfluss auf andere Hunde in der Nähe haben. Die können sich nämlich auf den Schreienden werfen und ihn schlimm beißen. Der Schreiende löst bei den anderen eine Beutereaktion aus, ganz so, als wäre er ein Beutetier, das in Todesangst schreit. Es entspricht genau der Situation, in der ein Raubtier zu seinem tödlichen Angriff ansetzt, die sichere Mahlzeit vor Augen.

Ich hatte einmal einen solchen Fall in einem Dressurkurs. Es war eine Colliehündin, die bei einem Spiel Pech hatte und zu schreien begann. Mehrere der anderen Hunde, die mitgespielt hatten, warfen sich daraufhin auf sie und verletzten sie schwer.

Falls Sie etwas Ähnliches erleben, greifen Sie sofort ein. Es ist sonst eine goldene Regel, dass man sich nicht einmischen soll, wenn zwei Hunde eine „Auseinandersetzung" haben, es sei denn, dass sich eine blutige Beißerei entwickelt oder dass einer vollkommen untergeht. Aber das gilt nicht für diese Situation. So schnell wie überhaupt möglich soll man den angegriffenen Hund retten und beschützen.

Man braucht nie einzugreifen, solange eine Streiterei zwischen zwei Hunden richtig, das heißt, nach den ungeschriebenen Regeln der Hunde, und damit ohne Blutvergießen, vor sich geht. Aber sobald einer die Oberhand gewinnt und nicht aufhören möchte, sollte man sie sofort trennen, ebenfalls, wenn einer zu bluten oder schreien beginnt. Ein Streit ist auch dann zu unterbrechen, wenn der eine Hund sich ergibt und der andere die Unterwürfigkeit nicht akzeptiert.

Schreit ein Hund vor Entsetzen, hat er wahrscheinlich einen Schock bekommen. Dies ist eine schlimme Sache, die psychische Folgen für den Rest seines Lebens haben kann.

Es gibt kein allgemein anerkanntes Mittel gegen Schock. Aber ich habe mit Beruhigungsmitteln viel versprechende Ergebnisse erzielt. Das Wichtigste ist, dass der Hund das Beruhigungsmittel – gewöhnlich in hoher Dosierung – spätestens eine Stunde nach der Schockeinwirkung bekommt. Danach muss man dem Hund einige Tage lang etwas Beruhigendes geben. Eine genauere Beschreibung des Schocks und der Schocksymptome können Sie in „Hundeprobleme – Problemhunde?" nachlesen.

## Brüllen

Die Angehörigen der Hundefamilien haben furchtbare Waffen, die mit scharfen Reißzähnen bewehrten Kiefer. Aber sie haben auch eine lange Reihe von Ausdrucksformen, die den Einsatz der todbringenden Zähne gegenüber Artgenossen verhindern sollen. Ein Laut, der aus dem Verhaltensprogramm stammt, durch das unnötiges Blutvergießen verhindert werden soll, ist das Brüllen.

Wenn zwei Hunde eine Beißerei beginnen, brüllen sie ihre Wut hinaus in einer Art, die für Menschen wie eine haarsträubende Mischung aus Schreien und Knurren klingt. Die Absicht dabei ist, den Gegner zu erschrecken, die eigene Kampfeslust zu stärken und richtig wütend zu klingen.

Auf diese Art müssen sie in der ersten Runde ihre Zähne nicht gegeneinander einsetzen, und wenn doch, dann nicht zu

*Das Brüllen im Kampf soll den Gegner erschrecken und die eigene Kampfeslust stärken. So kann der Einsatz der Zähne vielleicht vermieden werden.*

*Eine Beißerei zwischen Hunden ist meist eine Vorführung verschiedener Techniken der Abschreckung.*

nachdrücklich. Dieses Verhalten wirkt wie eine Art Schauspiel anstelle der richtigen Aggression.

## Niesen und Schnauben

Genau wie wir Menschen niest auch ein Hund, wenn ihn etwas in der Nase kitzelt. Aber es scheint eine Art von Niesen, besser Schnauben zu geben, die auf andere wie ein Signal wirkt. Dieser Laut ist etwas kürzer und nicht so laut wie ein richtiges Niesen. Oft kommt gleichzeitig ein kleines Brummen von den Stimmbändern, eine Art Knurren in Verbindung mit einem Ausblasen durch die Nase.

Dies wirkt wie ein Alarmsignal auf andere Hunde, aber es ist diskreter als ein Bellen. Es hört sich an, als wollten die Hunde die Aufmerksamkeit der anderen erregen, ohne sich selbst gegenüber einer Beute oder einem Feind zu verraten.

Vielleicht will der Hund durch dieses Verhalten zuweilen auch nur seine Nase freimachen, um die Geruchswahrnehmung zu verbessern, und als unbeabsichtigter Nebeneffekt erregt dies gleichzeitig die Aufmerksamkeit der anderen.

## Seufzen

Manche Hunde geben einen seufzenden oder stöhnenden Laut von sich, wenn sie sich niederlegen und sich wohl fühlen.

Sie atmen langsamer als bei der gewöhnlichen Atmung aus. Dieser Ton entsteht, indem sie die ausströmende Luft mit der Kehle bremsen. Dies ist in erster Linie sicher ein Zeichen des Wohlbehagens, aber es kann auch eine Mitteilung für einen anderen sein. Zum Beispiel, wenn Ihr Hund in Ihrem Schoß liegt. Den nahen Körperkontakt, den ein Hund dadurch bekommt, quittiert er mit diesen stöhnenden Welpenlauten, um zu unterstreichen, dass er diesen engen Kontakt schön findet und keine andere Stimmungslage zum Ausdruck kommen soll.

## Hunde erfassen die Tonhöhe

Die amerikanische Kommunikationsforscherin Patricia McConnel (1986) hat eine Theorie untersucht, die davon ausgeht, dass die Fähigkeit, Laute hervorzubringen, die andere Tiere stimulieren und aufmuntern – aber auch dämpfen und beruhigen können – bei Säugetieren erblich ist. Dies gilt auch für die Reaktion auf solche Laute.

Sie hat bewiesen, dass man beim Training von Hunden überall in der Welt zum Aufmuntern und Stimulieren den gleichen Typ von Lauten verwendet. Auf die gleiche Art verwendet man auch einen ähnlichen Tonfall, wenn man schimpft, beruhigt oder einen Hund bremst. Die Worte sind von Sprache zu Sprache unterschiedlich, der Tonfall aber ist der gleiche. Tiere gebrauchen den gleichen Tonfall bei ihrer Kommunikation untereinander. Wenn sie sich unterwerfen, wird der Tonfall zum Beispiel heller, und wenn sie wütend werden, wird er dunkler.

Um einen Hund im Training aufzumuntern und zu stimulieren, verwendet man kurze, sich wiederholende Laute mit hohem Ton und geht dabei mit der Stimme rauf und runter.

Wenn er einen Hund beschimpft, beruhigt, bremst oder stoppt, verwendet der Mensch lang gezogene, langsamere Laute in dunklerer Tonlage, häufig mit kräftiger Stimme.

Das Bellen des Hundes klingt zum Beispiel heller, wenn er glücklich ist. Wenn er droht, wird der Ton tiefer, genau wie bei uns Menschen. An der Tonlage des Knurrens können Sie hören, ob der Hund es ernst meint oder drohen will oder ob er Angst hat. Ein helles Knurren bedeutet Furcht.

Viele behaupten, dass ein Hund vor Männern mehr Respekt als vor Frauen habe. Kann das daran liegen, dass die dunklere Stimme des Mannes dominanter klingt? Persönlich glaube ich jedoch nicht, dass die Tonlage eine so große Rolle im Verhältnis des Hundes zu Mann oder Frau spielt. Ein Mann tritt gegenüber einem Hund gewöhnlich einfach autoritärer auf, und das reicht gewöhnlich aus, um vom Hund respektiert zu werden.

# Kapitel 5: Berührung

Hunde berühren sich oft gegenseitig, genauso wie sie uns Zweibeiner berühren. Es sind zuerst zwei Arten der Mitteilung, die durch die Berührung vermittelt werden. Die eine ist die übliche Berührung, die der „Abstandsverminderung" dient. Die andere ist der „abstandsvergrößernde" Kontakt, der provozierend oder drohend ist.

*Ein leichter Schnauzenstoß zur freundlichen Kontaktaufnahme.*

*Kontaktaufnahme durch gegenseitige Berührung.*

Die verbreitetste Form der Kontaktaufnahme besteht darin, dass der Hund mit seinem Gesicht einen Teil des Gesichtes eines anderen Hundes berührt. Oder beim Menschen dessen Hände. Ein Hund kann mit der Schnauze leicht stoßen, vorsichtig liebkosen oder sich einfach gegen etwas reiben. Aber eine freundliche Kontaktaufnahme mit uns kann auch mit den Pfoten gestaltet werden – entweder in Form einer leichten Berührung oder auch als ein kräftiges Kratzen. Diese Art der Kontaktaufnahme wird oft mit verschiedenen Untertänigkeitssignalen unterstrichen: Die Ohren werden nach hinten gedreht, die Mundwinkel etwas nach hinten gezogen, Leckbewegungen mit der Zunge ausgeführt, der Schwanz wird niedergehalten, verhaltenes Kläffen u. a. Ein Hund braucht jedoch nicht unbedingt alle Signale auf einmal zu zeigen – er beschränkt sich manchmal auch auf eine geringere Auswahl seiner Verhaltensweisen. In dieser Situation vermeiden es die beiden Partner sorgfältig, Augenkontakt miteinander aufzunehmen. Das könnte als eine Drohung missverstanden werden. Probieren Sie selbst einmal in einer solchen Situation, Augenkontakt mit einem Hund aufzunehmen. Sie werden entdecken, dass er sich bemüht, den Kopf wegzudrehen.

Die verbreitetste Form der Kontaktaufnahme ist leicht zu erkennen. Denken Sie daran, wie oft der Hund seinen Kopf in unseren Schoß legt, „Pfote gibt" oder mit der Schnauze gegen Arm oder Hand stößt. Die gewöhnliche „abstandsvermindernde" Berührung sieht man vor allem bei der Fellpflege, beim Sex und beim Spiel zwischen den Hunden.

## Pflege

Das Pflegeverhalten wird normalerweise von der Hündin gezeigt, die sich so ihren Welpen widmet. Die Hündin leckt den Kleinen den Bauch oder wäscht ihnen mit der Zunge kräftig den Pelz. Es kann auch oft eine andere Hündin sein, die bei der Pflege mithilft.

Das Massieren des Bauches mit der Zunge ist wichtig, um so die Darmbewegung bei den kleinen Welpen zu stimulieren. Die Hündin leckt ihre Welpen auch, um sie sauber zu halten. Sie nimmt vor allem deren Urin und Stuhlgang auf, da diese der Haut schaden können. Dass erwachsene Hunde einander pflegen ist weniger häufig als zum Beispiel bei Katzen. Aber bei Hunden, die ein besonders gutes Verhältnis zueinander entwickelt haben, wird dies dennoch gezeigt. Man kann sehen, dass derjenige, der mit einer liebevollen rauen Zunge geleckt wird, dieses zu genießen scheint.

In einer Familie hatte man einen Welpen behalten, nachdem die Hündin, ein Flatcoated Retriever, geworfen hatte. Selbst als dieser Welpe über ein Jahr alt war, „wusch" ihn seine Mutter noch jeden Morgen.

Vielleicht ist diese intensive Welpenpflege die Ursache dafür, dass der erwachsene Hund es schätzt, gestreichelt zu werden. Vielleicht gibt ihm später die Berührung durch uns ein Gefühl fundamentaler Sicherheit. Wie eine Art erlerntes Gefühl für Wohlbehagen, das ihn an die Zeit erinnert, in der er sich dank seiner Mutter ganz sicher fühlte. Ihre warme Zunge war Ausdruck für Sicherheit.

Nach der Reaktion der Hunde zu beurteilen, gibt es Unterschiede darin, wie die Hunde die Berührung an verschiedenen Stellen ihres Körpers auffassen. An bestimmten Stellen des Körpers scheint die Berührung eine beruhigende Wirkung zu haben. Brust und Bauch sind ein gutes Beispiel hierfür. Vielleicht deshalb, weil dies die Stellen sind, an denen die Hunde als Welpen am meisten von ihrer Mutter geleckt wurden. Bei diesem Typ einer behaglichen Berührung am Bauch scheint das Gehirn eine Art „Behaglichkeitshormon", das man Endorphin nennt, auszuscheiden.

Beim Pflegeverhalten der Hunde kann man dagegen nichts Paralleles sehen, das unserem Klopfen eines Hundes ähnelt. Das Klopfen ist ein typisch menschliches Verhalten, das mit dem Schulterklopfen zusammenhängt.

Möglicherweise ist das Klopfen durchaus keine so aufmunternde und effektive Belohnung für die Hunde wie wir glauben. Diese Art, den Hund aufzumuntern, ist in Dressurkursen sehr verbreitet. Wir sollten eigentlich in diesem Punkt umdenken und die Klopferei durch Streicheln und andere Formen der Belohnung ersetzen.

## Sex

Bei der sexuellen Werbung ist die Berührung intensiv. Ein Rüde, der eine Hündin umwirbt, verwendet alle Formen des Körperkontaktes: Er leckt ihren Kopf, vor allem die Umgebung der Ohren, drückt sich gegen sie, legt den Kopf auf ihren Rücken, liebkost sie mit den Pfoten und reitet auf. Gleichzeitig zeigt er übertrieben deutliche Unterwerfungs- und Spielsignale. Vielleicht, um zu betonen, dass diese sonst so provozierenden Kontakte keinerlei Drohung beinhalten.

## Spiel

Berührung ist ein Teil des Spieles. Spielen ist eine Kopie von zwei „richtigen" Verhaltensformen, nämlich der Jagd und des Kampfes. Am verbreitetsten sind Jagdspiele. Der eine Hund hat die Rolle einer fliehenden Beute, der andere jagt ihn. Sie tauschen häufig die Rollen.

Durch Jagdspiele lernen die Hunde einander kennen, und sie finden schnell heraus, wer der Stärkere ist. Dadurch vermeiden sie eine Beißerei zur Klärung der Stärkeverhältnisse. Diese Art des Spiels ist die häufigste zwischen Hunden, die einander nicht kennen. Durch Jagdspiele werden ebenfalls die Jagdfunktionen trainiert. Eine Art Lehrprogramm, eine Schule. Deshalb soll man es unterlassen, zu viel mit jungen Hunden auf diese Art zu spielen.

Bleibt das Interesse an solchen Spielen wach, erhält sich auch das Interesse an der Jagd. Außerdem sind diese Spiele stressig für den Hund, wenn sie übertrieben werden.

Hunde, die einander kennen, spielen oft Kampfspiele, eine Art Prügelei im Spiel. Damit trainieren sie die Muskeln, die

*Hunde, die einander kennen, spielen oft Kampfspiele. So lernen sie, wie man mit Aggression richtig umgeht.*

Schnelligkeit, die Einschätzung und das Verhalten, wie man mit Aggression richtig umgeht. Auch bei dieser Form des Spieles können die Hunde ihre Stärke aneinander ausprobieren.

Es ist nicht unüblich, dass der Hundebesitzer mit seinem Hund Kampfspiele spielt. Ein Mann tut dies eher als eine Frau. Man kann sagen, es ist ein typisch „männliches Spiel". Dieses Spiel ist sehr stressig und bedeutet auch eine Schule für aggressives Verhalten. Die Hunde sind dann ganz versessen auf Kampf, und das kann zum Problem für andere Leute und Hunde werden. Man sollte es daher unbedingt vermeiden, mit Welpen Kampfspiele zu spielen. Aber es ist auch nicht empfehlenswert, dies mit erwachsenen Hunden zu tun. Das gilt nicht für den kurzen Augenblick eines kontrollierten Kampfspieles während eines Trainings. Keinem Hund wird dadurch geschadet. Entscheidend ist auch das Naturell des Hundes, je nach dem, wieviel Stress einer ertragen kann!

## Die unfreundliche Berührung

Direkter Kontakt und Berührung, die nicht mit Pflegeverhalten, Sex, Freundschaft oder Spiel verknüpft sind, werden im Allgemeinen als sehr provozierend und drohend empfunden. Kommen zwei einander unbekannte Hunde aufeinander zu, kann beobachtet werden, wie deren Drohsignale an Umfang und Stärke zunehmen. Dabei sind sie so steif, dass sie sich fast nicht bewegen können. Schon der geringste Körperkontakt löst eine Beißerei aus.

*Körperkontakt kann gezielt als Mittel der Provokation eingesetzt werden.*

Um ihn richtig zu provozieren, kann der eine Hund mit dem anderen einen leichten Körperkontakt aufnehmen. Bei einem stärkeren Kontakt wird zum Beispiel die Pfote oder das Kinn auf den Rücken des anderen gelegt. Die provozierendste Körperberührung, die ein Hund ausüben kann, ist das Aufspringen auf den Rücken eines anderen Hundes gleichen Geschlechts und das „Reiten". Das ist kein sexuelles Verhalten, selbst wenn die Bewegungen stark daran erinnern. Dies ist eine Herausforderung und eine sehr provozierende Handlung. Bei dieser Form des Körperkontaktes sieht und hört man drohende und dominante Signale. Wenn der Herausforderer sehr selbstsicher ist, sucht er dabei oft Augenkontakt.

## Vermeidung der Berührung, wenn der Hund angespannt ist

Eine überraschende Berührung kann den Hund veranlassen, heftig zu reagieren. Dies ist eine Tatsache, die wir Menschen beachten müssen, wenn wir zum Beispiel einen fremden Hund streicheln oder unseren eigenen anfassen wollen. Konzentriert er sich auf einen Vorgang oder wirkt er sehr angespannt, weil er etwas Interessantes sieht, dann kann es gut sein, dass er sehr heftig reagiert, wenn er plötzlich berührt wird.

Einen Hund, der einen unbekannten Hund des gleichen Geschlechts steif begrüßt, soll man nicht berühren. Das kann eine Beißerei auslösen, die sonst vielleicht nicht aufgetreten wäre. Einen Hund, der vor einer Person Angst hat und vielleicht gerade dabei ist, seine Furcht zu überwinden, indem er beginnt, die Hand der Person zu beschnüffeln, sollte man nicht tätscheln, um ihn aufzumuntern. Dadurch kann er leicht ängstlich werden.

Die Leine ist auch eine Art der Berührung. Man sollte an der Leine nicht ziehen oder rucken, wenn der Hund angespannt oder aufgeregt ist, da dies einen Ausfall auslösen kann. Einmal, als man mit einem zurückhaltenden Hund übte, sich einem „Figuranten" zu nähern, zog der Führer an der Leine, genau zu dem Zeitpunkt, als der Hund eine Belohnung vom Figuranten erhalten sollte. Diese plötzliche Berührung, die durch die Leine vermittelt wurde, bewirkte, dass der Hund sofort einen Angriff durchführte. Besonders dann, wenn sich zwei Hunde des gleichen Geschlechts begegnen, kann das geringste Straffen der Leine fatal sein.

## Das Berühren fremder Hunde

Aus dem gleichen Grunde kann ein Hund entweder ängstlich oder drohend reagieren, wenn ein Fremder mit ihm Körperkontakt aufnimmt, indem er ihn tätschelt. Genauso würden wir reagieren, wenn ein Fremder mit uns Körperkontakt aufnehmen wollte. Selbst Hunde, die normalerweise Fremde gut leiden können, können negativ reagieren, wenn eine Person in ihrem Auftreten zu steif ist, lächelt, ihnen in die Augen schaut und sie klopft.

Hunde würdigen dagegen die Berührung von Personen, die sie kennen und die gleichzeitig mit dem Liebkosen freundliche Signale zeigen, indem sie zum Beispiel freundlich mit ihnen sprechen und starken Augenkontakt vermeiden.

## Das Zuwenden des Hinterteils

Oft wendet der Hund demjenigen sein Hinterteil zu, der Körperkontakt sucht. Das geschieht, um sämtliche Möglichkeiten der Demonstration von Drohsignalen zu verhindern. Wendet nämlich der Hund sein Hinterteil jemandem zu, dreht er ja gleichzeitig seinen Kopf und sein Gesicht in die andere Richtung. Das sind diejenigen Körperteile, in denen man die meisten Drohsignale findet. Dadurch demonstrieren sie ihre Freundschaft.

Ein Labradorrüde versuchte einmal, auf ein Sofa zu gelangen, auf dem bereits mehrere Personen saßen. Der Rüde krabbelte auf das eine Ende, aber dadurch bekam er nahen Kontakt zu der dort sitzenden Person. Deshalb drehte der Rüde sein Hinterteil nach vorne und schob sich rückwärts auf den Schoß der Person.

Oder denken Sie nur an die Begrüßungssituation, wenn Sie nach Hause kommen. Der Hund kommt froh angesaust, springt, leckt im Gesicht und explodiert fast vor Freude. Aber wenn man sie zu streicheln und zu kraulen beginnt, drehen sie den Kopf weg. Viele stolze Hunde zeigen immer ihr Hinterteil, wenn sie Leute begrüßen. Das heißt, sie wenden ihre freundliche Seite zu. Die intensive Nähe und der Körperkontakt sind zu stark, als dass der Hund sich in der Begrüßungssituation direkt gegen die Person richten könnte. Das Gesicht und die direkte Richtung beinhalten zu viele Möglichkeiten, um Drohsignale zu zeigen. Daher wenden sie sich ab, und deshalb müssen wir uns damit begnügen, das Hinterteil unserer Hunde zu streicheln.

## Hormonelle Einwirkungen

Junge Rüden, die gerade geschlechtsreif werden – oder kurz vor dieser Periode sind – wollen oft auf Menschen oder anderen Hunden aufreiten. Das Gleiche kann bei Hündinnen geschehen, wenn sie läufig werden oder scheinträchtig sind. Dieses

Verhalten ist weder falsch noch unnatürlich, es ist hormonell gesteuert. Es geht hier nicht nur um sexuelle Kontaktaufnahme. Es kann sogar gegenüber anderen Hunden direkt dominant sein, vor allem bei einer scheinträchtigen Hündin. Diese unterdrückt dann andere Hündinnen, weil sie glaubt, sie habe Welpen.

Wenn ein Hund, entweder aus sexuellem Grund oder als Aufforderung zum Spiel, auf einem anderen aufreitet, sieht man in seiner Gesichtsmimik Unterwerfungssignale. So als sei der Hund durch die Lust aufzureiten und aus dem Bewusstsein des provozierenden Körperkontaktes in einem Konflikt mit sich selbst.

# Kapitel 6: Duftsprache

Hunde haben sich so viel zu erzählen und so viele Informationen entgegenzunehmen, dass sie sogar den Geruch als Bestandteil ihrer „Sprache" verwenden. Und dies nicht in geringem Umfang. Jeder Hundebesitzer kann dies auf seinem täglichen Spaziergang bemerken. Während des ganzen Weges ist sein Hund mit der Schnauze ständig am Boden.

## Urinmarkierung

Der alltäglichste und am intensivsten untersuchte Geruch im Kommunikationsmuster der Hunde ist der Geruch von Urin. Urinmarkierungen, die von den Hunden auf ihren Ausflügen gefunden werden, werden von ihnen sofort so sorgfältig studiert, als läsen sie etwas Spannendes in einer Zeitung. Der größte Unterschied zwischen den vierbeinigen Freunden und uns besteht wohl darin, dass wir uns erlauben, den Artikel in der Zeitung zu Ende zu lesen, dagegen müssen sich viele Hunde damit begnügen, ein paar Zeilen zu lesen, bevor sie weggezogen werden.

Es gibt auch Hundebesitzer, die nicht wissen, wie wichtig es für Hunde ist, die Duftmarkierungen anderer Hunde zu unter-

*Zu lesen ...*

*... und zu schreiben ist für unsere Hunde wichtig, genauso wie für uns selbst.*

suchen. Einigen erscheint dies so widerlich, dass sie das „Zeitunglesen" ihrer Hunde nicht zulassen wollen. Viele Hunde müssen es in Kauf nehmen, dafür beschimpft zu werden.

Doch die Markierung mit dem Uringeruch ist für Hunde die gebräuchlichste Art, ihre „Visitenkarte" zu verteilen. Diese „Visitenkarte" erzählt, ob ihr Inhaber ein Rüde oder eine Hündin ist, geschlechtsreif oder ein Welpe, vielleicht auch das ungefähre Alter und ob er bekannt oder unbekannt ist. Der Uringeruch erzählt deutlich, in welchem Läufigkeitszyklus sich eine Hündin befindet. Ob sie bald läufig wird, scheinträchtig ist, geworfen hat oder sich in einem Stadium zwischen den Läufigkeiten befindet, die für einen Rüden weniger interessant sind.

Vielleicht zeigt der Uringeruch auch den rangmäßigen Status eines Rüden, weil rangmäßig hoch platzierte Tiere mehr männliche Geschlechtshormone produzieren. Diese Zusammenhänge hat man aus Studien bei Affenmännchen herausgefunden.

Jeder Hund hat seinen eigenen individuellen Geruch. Das heißt, dass die Urinmarkierung eine persönliche Visitenkarte ist, sodass sich die Hunde allein am Uringeruch gegenseitig erkennen können.

### Reviermarkierung?

Früher glaubte man, dass das beständige „Beinheben" bei Rüden fast ausschließlich der Reviermarkierung diene. Man hat zum Beispiel festgestellt, dass Wölfe in Grenzzonen zu anderen Revieren vermehrt markieren. Aber das ist nur ein kleiner Teil der Aufgaben.

Der amerikanische Psychologe und Wolfsforscher Roger Peters konnte feststellen, dass die Wölfe sich mithilfe von Urinmarkierungen auf gewissen strategisch günstigen Stellen Hilfen bei der Orientierung schaffen. Sie können sich so eine „geistige Karte" ihres Jagdreviers fertigen. Gewisse Stellen auf den Wegen, spezielle Passagen, Grenzen und andere wichtige Stellen werden markiert, sodass sich das Rudel leichter und besser orientieren kann. Andererseits können andere Wölfe davon abgeschreckt werden, in ihr Revier einzudringen. In Verbindung mit ihren Wanderungen durch das Revier erneuern sie ständig ihre Duftmarken, die durch Regen und Wind abgeschwächt werden.

Vielleicht gilt für unsere Hunde das Gleiche. Markieren, um sich durch Lesen orientieren zu können und gleichzeitig den anderen Hunden von der eigenen Existenz zu erzählen.

Dr. Ian Dunbar, Forscher für Hundeverhalten, setzt ein Fragezeichen hinter die Vermutung, ob unsere Hunde besonders reviergebunden und territorialbewusst gegenüber etwas anderem als ihrem eigenen Zuhause sind. Ein Hund trifft ja überall

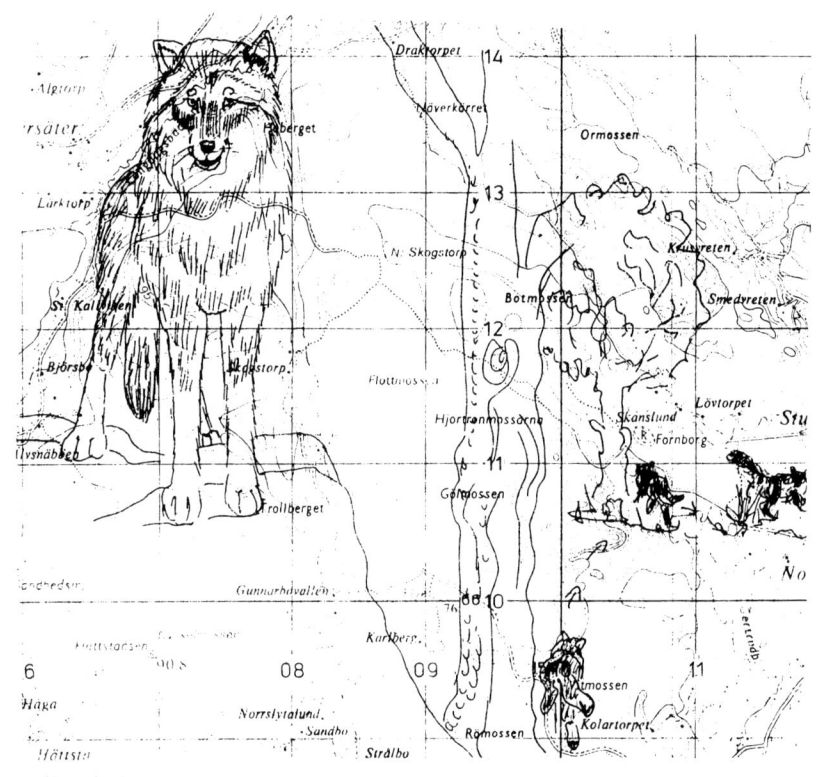

*Wölfe schaffen sich Hilfe bei der Orientierung im Revier dadurch, dass sie gewisse strategisch günstige Stellen mit ihrem Urin markieren.*

auf andere Hunde. Das bewirkt, dass er auf die anderen im Park, Wald oder sonstwo nicht so reagiert, als wäre dies sein eigenes Revier. Ein Rüde versucht Stellen hervorzuheben, die nicht als Reviergrenzen für unsere Hunde angesehen werden können. Nicht um Grenzen zu setzen, markiert er Bäume und Laternenpfähle mit Urin, sondern um den anderen Hunden von sich selbst zu erzählen und um seinen Geruch zu hinterlassen, damit er besser nach Hause findet. Und wenn seine Markierungen von anderen überdeckt worden sind, muss er sie wiederum mit seinem Urin überdecken.

## Das Markieren an hohen Stellen

Einige Hunde versuchen, ihre Markierungen so hoch als möglich zu platzieren. Speziell Rüden versuchen so hoch am Baum zu markieren, dass sie dabei fast stolpern und umfallen. Ein anderer Teil der Hunde hebt das Bein am liebsten oben auf einem Stein, auf einem Schneehaufen oder anderen hochgelegenen Stellen. Es ist auch bei Hündinnen nicht ungewöhnlich, dass sie das Bein heben. Es sind dies wahrscheinlich die Selbstsicheren. Die Unsicheren sind nicht so versessen auf eine Demonstrationsmarkierung.

Dieses Verhalten hängt also mit der Selbstsicherheit und wahrscheinlich auch mit der Produktion von Geschlechtshormonen zusammen. Je stärker die Produktion von Geschlechtshormonen, desto ausgeprägter die männlichen bzw. weiblichen Merkmale. Selbstsicherheit ist ein Teil der Geschlechtskennzeichen. Aber das erklärt nicht alles. Beispielsweise kann auch eine sterilisierte Hündin demonstrativ pinkeln und dabei in der Art der Rüden das Bein heben.

Eine andere Erklärung für das Markieren an hohen Stellen ist, dass es anderen Hunden erschwert werden soll, den eigenen Geruch zu überdecken. Außerdem soll der Geruch nicht zerstört werden, indem andere darauf treten. Bei der hohen Platzierung verteilt er sich auch besser mit dem Wind und bleibt leichter zu erkennen.

## Kleines Pinkeln bei der Begrüßung

Welpen und empfindsame Junghunde pinkeln oft ein paar Tropfen, wenn sie einen Hund begrüßen, den sie als dominant erleben. Dies bewirkt, dass der ältere Hund sein Interesse gegen den Urin und nicht gegen den unsicheren Junghund richtet.

Genau dies ist vielleicht auch beabsichtigt. Es ist jedenfalls wirkungsvoll, um damit einer eingehenden Untersuchung durch den dominanteren Hund zu entgehen. Dieses Verhalten scheint dem jüngeren Hund als ein effektives Unterwerfungssignal zu dienen.

Welpen und Junghunde reagieren oft ebenso gegenüber Menschen. Es ist äußerst wichtig, dass wir dieses Verhalten verstehen und den Welpen oder den Junghund für diese Tropfen, die er vor lauter Unterwerfung abgibt, nicht bestrafen. Sonst wird es so bleiben. Er wird noch untertäniger und er wird noch

*Welpen pinkeln oft, wenn sie jemanden begrüßen, den sie als dominant erleben.*

*Der ältere Hund richtet sein Interesse zuerst gegen den Urin und nicht gegen den Welpen.*

mehr pinkeln. Es ist einfach zu erreichen, dass er dieses „Unterwerfungspinkeln" in Begrüßungssituationen gegenüber Menschen aufgibt. Man muss nur sicher sein, dass derjenige, der speziell von Welpen oder Junghunden begrüßt werden soll, immer einen Leckerbissen zur Hand hat. Dadurch richtet sich die Aufmerksamkeit des Welpen auf den Leckerbissen und nicht auf die in den Augen des Welpen dominante Person.

Selbstverständlich soll man dabei auf die eigenen Signale achten, indem man sich nicht drohend über den Hund beugt, keinen festen Augenkontakt aufnimmt und nicht die Zähne zeigt. Allein eine solche Haltung kann einen sonst stubenreinen Hund zum Pinkeln veranlassen, um sein Erschrecken zu zeigen. Sollte ein älterer Hund eine Person derart dominant empfinden, dass er bei der Begrüßung pinkelt, dann ist dies ein sicheres Zeichen dafür, dass man im Umgang mit dem Hund weicher und entgegenkommender sein muss.

Ein Teil der Junghunde und Welpen pinkelt auch vor Freude, wenn man zu ihnen nach Hause kommt. In dieser Situation ist es keine Unterwerfung, aber ein Zeichen dafür, dass die Blasenkontrolle bei diesem jungen Tier noch nicht vollständig entwickelt und die Freude überwältigend ist.

*Um das „Unterwerfungspinkeln" bei einem jungen Hund abzustellen, soll man seine Aufmerksamkeit durch einen Leckerbissen fesseln.*

Ihn zu veranlassen, dass er dieses Verhalten aufgibt, ist genauso einfach wie beim Pinkeln aus Unterwerfung. Das heißt, man sollte einen Leckerbissen bereithalten, wenn man diesem Hund begegnet. Das dämpft den Stress, der durch die Freude ausgelöst wird. Der Hund konzentriert sich darauf, den Leckerbissen zu nehmen. Den Unterschied zwischen dem Pinkeln aus Unterwerfung oder vor Freude erkennt man leicht an den Körpersignalen des Hundes. Bei Ersterem sind die Unterwerfungssignale stark übertrieben.

### Das Bedürfnis, sich mitzuteilen

So wie man Hundebesitzer erleben kann, die ihre Hunde deren „Zeitung" nicht lesen lassen, kann man auch einige Besitzer finden, die während eines Spaziergangs ihre Hunde nur an ganz wenigen Stellen pinkeln lassen. Ich habe Leute gehört, die dieses Pinkeln als „unsinnige Pinkelei" oder Ähnliches bezeichnen. Aber gerade in diesem Bereich hat der Hund ein Bedürfnis, sich mitzuteilen. Man kann jedoch ohne weiteres vermeiden, dass der Hund an Hausmauern, Autos und Ähnliches pinkelt. Dieses Verbot ist nicht allzu anspruchsvoll.

### Läufigkeit

Ist eine Hündin läufig, hat sie die Tendenz, ihr heimatliches Gebiet zu verlassen und sich in einem größeren Bezirk zu bewegen. Das Wort „Läufigkeit" bezeichnet gerade diese Tendenz, von zu Hause fortzulaufen. Draußen pinkelt eine läufige Hündin öfter. Dadurch verteilt sie die Botschaft über ihren Zustand wirkungsvoll an die benachbarten Rüden und zieht eine große Freierschar an.

Aufgrund der verstärkten Hormonproduktion, gerade vor und während der Läufigkeit, steigt bei einer Hündin auch die Tendenz zur Aggressivität. Deshalb ist es wichtig, dass man bei einem Spaziergang mit einer läufigen Hündin nicht nur darauf aufpaßt, dass sie nicht ausreißt und sich einen ungeeigneten Freier auswählt, sondern man muss auch dafür sorgen, dass es zu keiner Beißerei kommt.

Sogar wenn die Hündin scheinträchtig ist, produziert sie Gerüche, die den Rüden interessieren und sogar sexuell anregen. Die Hormone der Trächtigkeit und der Scheinträchtigkeit beeinflussen die Hündin auf vielfältige Art und Weise, z. B. kann sie aggressiv werden.

### Das Beinheben bei Fremden

Einige Hunde, speziell Rüden, heben das Bein, wenn sie irgendwo zu Besuch kommen, wo ebenfalls ein Hund ist. Das ist in der „Hundesprache" ein Beweis für echte Höflichkeit. Der Hund hinterlässt seine Visitenkarte, als Bestandteil seiner Vorstellung, aber es sind leider nur die Hunde, die diese Form der Höflichkeit würdigen.

Besucht man mit einem geschlechtsreifen Rüden eine Familie, die ebenfalls einen Hund im Haus hat, ist das Risiko sehr hoch. Um dieser peinlichen Form der Höflichkeit vorzubeugen, schlage ich vor, dass die Hunde draußen miteinander Bekanntschaft schließen. Gründlich! So gründlich, dass sie keinerlei Bedürfnis mehr haben, sich noch einmal zu präsentieren, wenn sie im Haus sind. Drinnen sollten sie aber doch unter intensiver Überwachung bleiben.

### Das Interesse bei Rüden und Hündinnen

Vergleicht man Rüden und Hündinnen, wird man feststellen, dass das Interesse am Uringeruch und am Markieren bei Rüden größer ist. Dies ist eine Konkurrenzsprache, die oft dazu verwendet wird, sich mit anderen Hunden zu messen und sie zu beeindrucken. Im Leben der Hündinnen ist anderes wichtiger.

### Das Beinheben bei Rüden und Hündinnen

Etwa um die Zeit der Geschlechtsreife beginnen die Rüden, das Bein zu heben. Hier ist es interessant, anzumerken, dass dies nicht mit den Geschlechtshormonen als Bestandteil des Blutes zusammenhängt. Zum Beispiel beginnen auch kastrierte Rüden ab diesem Zeitpunkt damit, das Bein zu heben (Dunbar, 1979).

Es ist schwer zu erklären, weshalb gewisse Hündinnen gleichsam wie Rüden – beim Pinkeln ihr Bein heben. Es ist möglich, dass sie in einem höheren Grad als andere Hündinnen männliche Geschlechtshormone produzieren. Es kann aber auch sein, dass sie übermäßig viele weibliche Geschlechtshormone produzieren, die ihr Verhalten beeinflussen. Eine weitere wahrscheinliche Erklärung ist eine rein physiologische. Mit dem Heben des Hinterbeines wird die Muskulatur gegen die Blase gepresst, dadurch wird das Ausströmen des Urins erleichtert.

*Ein Border Collie mit einem starken „Auge" kann sein Gegenüber regelrecht hypnotisieren.*
*Foto: G. Lehari*

In einer Hundemeute ist es wichtig, dass die Tiere richtig miteinander kommunizieren.

Der große Hund in der Mitte ist neu in der Gruppe. Seine Ohrstellung drückt noch Unsicherheit aus.
Fotos: G. Lehari

*Ein sanfter Blick und lange Hängeohren – wer kann dem schon widerstehen?*

*Gemeinsam sind wir stark! Fotos: G. Lehari*

*Was ein Hund wirklich denkt und empfindet, werden wir wohl nie genau wissen.*
*Foto: G. Lehari*

*Das Scharren kann auch Imponiergehabe sein.*

**Scharren nach dem Markieren**

Die meisten Rüden und einige Hündinnen scharren vor allem mit den Hinterbeinen, wenn sie markiert haben. Früher glaubte man, dies geschähe, um Urinduft zu überdecken oder zu verspritzen – gleichsam wie bei Katzen. Aber keine dieser Erklärungen ist befriedigend.

Vielleicht dient das Aufscharren des Bodens dazu, den Dufteindruck zu verstärken. Eine andere Erklärung wäre folgende: einerseits soll den Hunden innerhalb der Sichtweite gezeigt werden, dass hier nun markiert ist, andererseits soll es imponierend wirken. Die Tatsache, dass ein Hund auch dann stolz scharrt, wenn kein anderer Hund in der Nähe ist, braucht dieser Theorie nicht zu widersprechen. Er macht es vielleicht mehr oder weniger jedesmal, falls zufällig ein anderer Hund in der Nähe sein sollte. Erst wenn es ein anderer Hund sieht, hat es jedoch die Bedeutung eines Signals.

# Kot

Der amerikanische Forscher Roger Peters hat in einem mehrjährigen Projekt Wölfe und ihre Wanderungen studiert. Er konnte dabei feststellen, dass die Wölfe ihren Kot als eine Möglichkeit zur Kommunikation ausnutzen. Als ob Mutter Natur nichts dem Zufall überlassen wolle, wenn es darum geht, die Überlebensmöglichkeiten zu sichern.

Das Interessanteste, was Roger Peters während seiner Untersuchungen herausfand, war das Analdrüsensekret, das zusammen mit dem Kot ausgeschieden wird und diesen mit einem individuellen Geruch „färbt". Mit diesem Hilfsmittel kann ein Wolf – und mit aller Wahrscheinlichkeit auch ein Hund – erkennen, wer an einer bestimmten Stelle war, und ob es sich um einen Bekannten oder einen Unbekannten handelte!

Außerdem entdeckte Roger Peters, dass die Platzierung des Kotes noch in anderer Hinsicht wichtig ist. Wie bei allen Angehörigen der Hundefamilie dient dieser als Markierung auf der „mentalen Karte" ihrer Wanderungen. Diese Markierung kann als Orientierungspunkt im Gelände benutzt werden.

Man hat beobachtet, dass Rüden entscheiden können, ob ein bestimmter Kothaufen von einer Hündin oder einem Rüden stammt, indem sie bloß gründlich daran rochen (Dunbar, 1979).

Oft wird der Haufen auf eine höher gelegene Stelle platziert, zum Beispiel auf einen Stein oder einen Baumstumpf. Das wirkt wie eine Reviermarkierung – genau wie der Urin. Hunde sind häufig sehr sorgfältig bei der Auswahl, wie und wo sie ihren Kot platzieren. Teils mit den wohl bekannten Ritualen, bevor sie „machen", teils mit dem bekannten Scharren auf dem Boden danach.

Leider haben unsere Hunde oft Probleme mit den Analdrüsen. Das Futter und die Essgewohnheiten können daran schuld sein. Es kann sich jedoch auch um einen erblichen

Defekt handeln. Aufgrund stetig wiederkehrender Irritationen und Infektionen lassen viele Hundebesitzer sie operieren. Wenn Hunde häufig „Schlitten fahren", sich am Hinterteil lecken und beißen – sie können sich auch in den Schenkel, in die Hüfte oder in den Rücken beißen –, ist es sinnvoll, einen Tierarzt aufzusuchen, der die Analdrüsen kontrolliert. Bei heftigen Erlebnissen – so beim Schreien und bei Aggressivität – entleeren sich oft die Analbeutel. Es tritt dann ein stark säuerlicher Geruch auf.

### Im Geruch wälzen

Es ist üblich, dass sich Hunde in verschieden stark riechenden Dingen wälzen. Leider am liebsten in den widerlichsten Gerüchen. Es gibt viele Theorien darüber, weshalb sie dies tun. Eine Theorie geht davon aus, dass sie ihren eigenen Geruch gegenüber einer möglichen Beute überdecken wollen, um sich leichter an sie heranschleichen zu können. Eine andere Annahme lautet, dass sie dadurch Schmarotzer und Ungeziefer im Fell bekämpfen. Flöhe und Läuse säßen nicht gerne im Pelz eines Tieres, das so schlimm riecht. Beide Theorien haben eine geringere Wahrscheinlichkeit.

Eine dritte Theorie geht davon aus, dass der Hund sich in etwas Essbarem wälze und dadurch den Rudelkameraden mitteilen könne, dass Nahrung in der Nähe sei.

Die zwei Hundepsychologen Eva Bodfäldt und Marie Fogelqvist haben ebenfalls dieses Phänomen untersucht. Sie haben jetzt eine neue Hypothese entwickelt, die davon ausgeht, dass die Hunde, veranlasst durch den fremden Geruch, ihren eigenen Geruch abgeben. Danach wälzen die Hunde sich, damit sie mit ihren Duftdrüsen und ihrem Geruch den starken vorherigen Geruch „überstempeln".

Sie haben auch festgestellt, dass bei starkem Geruch die Hunde zum Teil darauf pinkeln, zum Teil sich darin wälzen. Sie haben beobachtet, dass sowohl Wölfe wie auch Hunde sowohl das eine als auch das andere tun. Zum Beispiel wälzen sie sich oft auf einem Bissen Futter oder einem Stock, um ihn zu markieren und zu zeigen, wem er gehört.

## Duftdrüsen

Mitten auf dem Schwanz haben die Hunde eine Drüse, die normalerweise mit einem schwarzen, oft dreieckigen Punkt gekennzeichnet ist. Was es für ein Geruch ist, den sie ausscheidet, weiß man nicht, aber man glaubt, dass er für die Kommunikation zwischen den Hunden wichtig ist. Man meint, dass die Hunde mehrere solcher Drüsen am Körper haben, die auf die eine oder andere Art wichtige Gerüche abgeben. Persönlich glaube ich, dass diese Drüsen im „Gespräch" zwischen Hunden eine weniger wichtige Rolle spielen. Ich glaube, dass die Hunde sich gegenseitig nach einem festgelegten Schema, dem sie instinktiv folgen, beschnüffeln: Erst an der Schnauze, dann an der Seite mit den Ohren und dem Hals, schließlich an der Körperseite entlang zum Hinterteil. Ich glaube, dass sie ganz einfach eingehen auf das Begrüßungsritual, um ihre Friedlichkeit im Begrüßungszeremoniell zu demonstrieren.

# Kapitel 7:
# Menschen – Hunde – Sprache

Eine der vornehmsten Aufgaben der Hundesprache ist es, Aggression zu kontrollieren und zu kanalisieren. Dies ist notwendig, weil der Hund ein Rudeltier ist und gleichzeitig mit kräftigen Kiefern und scharfen Zähnen ausgestattet ist. Es soll verhindert werden, dass sie einander mit voller Stärke angreifen. Um jeden Preis soll verhindert werden, dass ein Individuum des Rudels verletzt wird. Ein Jagdrudel muss gesund sein oder es verringert sich seine Chance, Beute zu machen, und damit verringert sich auch die Chance des Überlebens.

Es gibt viele Faktoren, die mit der Sprache zusammenarbeiten, um zu verhindern, dass die Mitglieder der Meute die Kraft ihrer Kiefer gegeneinander verwenden. Die Wichtigsten sind die Beißhemmung und die Rangverhältnisse.

## Beißhemmung

Gerade weil die Hunde so effektive Waffen wie ihre Zähne haben und gleichzeitig in Rudeln leben, sind sie blockiert, sich gegenseitig mit voller Stärke zu beißen. Selbst wenn Hunde richtig wütend aufeinander sind, entstehen bei einer Beißerei selten schwere Verletzungen. Es ist, als ob ein geistiger Mecha-

*Dank ihrer Fähigkeit, mit verschiedenen Signalen zu kommunizieren, gelingt es den Hunden, einen Kampf mit der Gefahr von Bissverletzungen zu vermeiden.*

nismus sie daran hindere, sich mit voller Stärke zu beißen, die so genannte „Beißhemmung".

Ein Hund hat viele hundert Kilogramm Druck auf jeder Zahnspitze. Er kann deshalb ein Beutetier töten, das vielleicht viel größer als er selbst ist. Wenn Hunde bei Streitereien diese Kraft jedesmal ungehemmt gebrauchten, würden sie sich am laufenden Band totbeißen.

Die Beißhemmung scheint wirklich gut zu funktionieren. Es ist selten, dass bei einem Kampf großer Schaden entsteht. Aber es gibt auch Hunde, bei denen die Beißhemmung schlecht funktioniert. Dann wird der Gegner schwer verletzt.

Die Beißhemmung des Hundes funktioniert auch gegenüber dem Menschen. Ein Hundebiss führt auch hier selten zu großen Schäden. Hunde, die gegenüber Menschen aggressiv sind, haben oft einen unverdient schlechten Ruf, dass sie gefährlich seien. Viele sagen dann, dass ein solcher Hund getötet werden müsste, bevor er „etwas richtig Schlimmes" anrichte. Es ist aber eine Seltenheit, dass ein Hund richtig zubeißt. Wenn die Beißhemmung funktioniert, was sie fast immer tut, ist ein Hundebiss zwar sehr schmerzhaft, aber die bevorzugte Taktik der Hunde ist es ja, zu erschrecken und nicht zu schaden. Dies gilt auch gegenüber dem Menschen. Wenn ein Hund dagegen so zubeißt, dass starke Verletzungen entstehen, dann muss man vorsichtig sein. Dies kann tatsächlich ein Zeichen dafür sein, dass die Beißhemmung des Hundes defekt ist.

Schmerzzustände auf Grund einer Erkrankung oder einer Verletzung können dafür verantwortlich sein, dass die Beißhemmung schlecht funktioniert. Man kann auch nicht ausschließen, dass aufgrund einer schlecht geplanten Zucht dieser Fehler auftritt. Ich habe stark ingezüchtete Hunde gesehen, die mit ganzer Kraft zubissen und große Schäden verursachten. Ein Junge wurde vom Familienhund gebissen, als er in die Stube kam. Er hatte ihn auf keine Art provoziert. Der Hund griff ihn an und biss ihn in den Kopf, dadurch wurde eine schwere Verletzung verursacht. Der Stammbaum des Hundes zeigte eine sehr starke Inzucht. Wir vermuteten auch einen hormonellen Fehler; dies konnten wir aber nicht nachweisen, weil der Hund umgehend eingeschläfert wurde.

## Rangordnung

Ein anderer Faktor, der die Aggression kontrolliert und steuert, sind die Rangverhältnisse zwischen den Individuen einer

Gruppe. Man vermutet, dass es innerhalb desselben Rudels verschiedene Rangordnungen gibt. Eine zwischen den erwachsenen Rüden, eine zwischen den erwachsenen Hündinnen, eine zwischen den Jungtieren und eine zwischen den Welpen.

Bis jetzt war man der Auffassung, dass ein dominantes Tier die Untergeordneten dank seiner Rangposition ohne aggressive Proteste steuern könne. Es brauche seinen Willen nicht mit Bissen durchzusetzen. Aber diese Form der Rangordnung, die wir früher lernten, wurde kritisiert und bezweifelt. Wir lernten, dass die Hunde eine Rangordnung haben, die nach demselben Muster abläuft wie die „Hackordnung" bei Hühnern. Bei denen wurde nämlich beobachtet, dass das Huhn, das an der höchsten Stelle der Gruppe stand, alle anderen hacken konnte, ohne dass es selbst gehackt wurde. Das zweite Huhn der Gruppe hackte alle außer dem höherstehenden und so weiter.

Man hat nun begonnen, diese Ansicht in Frage zu stellen und zu ändern. Es entwickelte sich eine neue Meinung über die Begriffe Dominanz und Rangordnung. Früher war es wichtig, dass wir über unsere Hunde bestimmten, unsere Autorität erhielten, „Rudelführer" waren. Man wollte den Hunden keine Opposition erlauben, weil sie sonst die „Macht übernehmen", das „Kommando übernehmen", „ihre Rangposition verbessern" konnten. Die modernen Ansichten der Ethologen setzen all dies in Frage.

Ja, wie ist es denn nun? Soll man streng und bestimmt in seiner Forderung oder soll man milde sein? Es zeigt sich, dass diejenigen, die die weichere Erziehung propagieren, die größere Unterstützung durch die neueren Forschungsergebnisse und Entdeckungen erhalten, die bei wilden Hunden gemacht worden sind.

Verschiedene neue Beobachtungen von Wölfen und anderen Vertretern der Hundefamilie zeigten, dass es sowohl eine „weichere" als auch eine „strengere" Erziehung der Welpen und

*Das weiche Training ist das natürlichste für Hunde, sagen verschiedene Studien über das Lebens- und Arbeitsverhalten wilder Hunde.*

Jungtiere gibt. Wobei der Schwerpunkt eindeutig beim milderen Typ liegt. Dies gilt selbst für das Verhältnis zwischen erwachsenen Tieren. Viele, die Wölfe untersucht haben, heben gerade diesen liebevollen Zusammenhalt des Rudels hervor. Es sieht so aus, als sei das Verhältnis zueinander eher auf Liebe und Zärtlichkeit begründet als auf Disziplin und Rangstatus.

Bei einer von mir durchgeführten Untersuchung über die Dominanz der Hündin über ihre Welpen in den ersten acht Wochen ihres Lebens wurde das liebevolle Muster bei der Erziehung deutlich (Hallgren, 1988).

Ich fragte 149 Züchter, wie oft sie verschiedene Grade von Dominanz und autoritärem Verhalten der Hündin gegenüber ihren Welpen beobachtet hätten und wie die Hündin sich während der Aufzucht gegenüber ihren Welpen verhalten habe.

Das Ergebnis war unter anderem folgendes:

Auf die Frage, wie oft die Züchter gehört hätten, dass die Hündin ihre Welpen anknurrte, antworteten:

30,8 % nie,
53,8 % nur wenige Male (oft ein spielerisches Knurren),
15,4 % oft (oft ein spielerisches Knurren).

Auf die Frage, wie oft sie gesehen hätten, dass die Hündin gegenüber den Welpen die Zähne gefletscht habe, antworteten:

64,3 % nie,
31,5 % wenige Male,
 4,2 % oft.

Auf die Frage, wie oft sie gesehen hätten, dass die Hündin einen Welpen am Nackenfell schüttelte, antworteten:

78,3 % nie,
18,9 % einige Male (oft im Spiel),
 2,8 % oft (häufig im Spiel).

Es war ferner charakteristisch, dass diese Verhaltensformen gegenüber kleinen Welpen nicht gezeigt wurden, sondern erst, wenn sie sich der achten Woche näherten, wenn sie fordernd wurden und gleichzeitig von der Mutter abgewöhnt wurden.

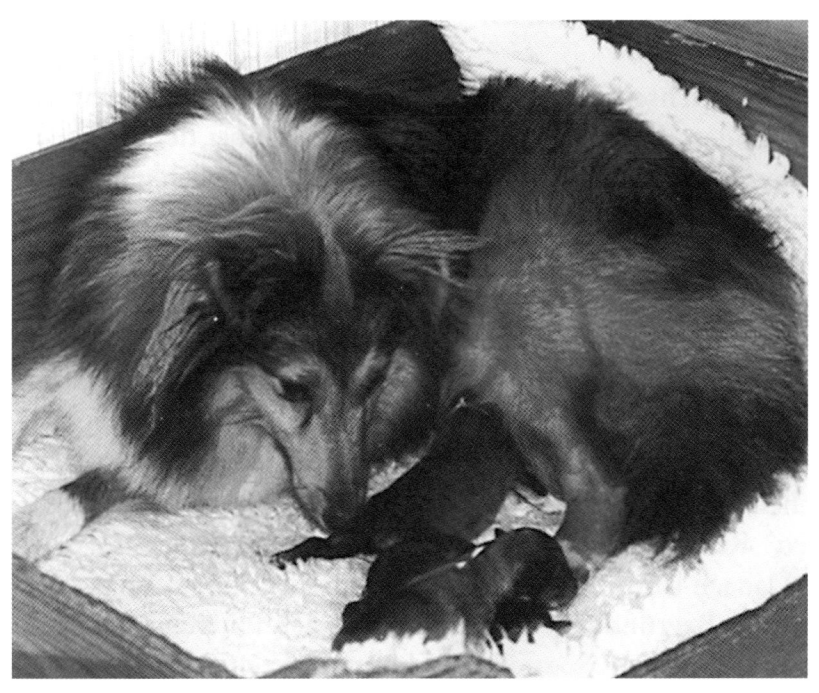

*Die Hundemutter: tolerant, zärtlich und spielbereit.*

Auf die Frage, wie eine Hündin über ihre Welpen dominiert, antworteten:

91,6 % spielend und zärtlich
 3,5 % dominiert überhaupt keine Welpen
 2,8 % drohen, schnappen oder beißen die Welpen
 2,1 % antworteten nicht auf die Umfrage.

**Der strafende Mensch**

Wir Menschen sind dem Nachdenken über Strafen eng verbunden. Die häufigsten Ratschläge, die bei der Hundeerziehung gegeben werden, behandeln die Möglichkeiten, den Hund zu bestrafen. Viel weniger wird über die Möglichkeit der Belohnung gesprochen. Deshalb haben wir auch ungefähr 40 verschiedene Arten der Bestrafung und nur ganz wenige Formen der Belohnung und der Aufmunterung.

Strafen werden etwas von der Mode geprägt. Vor 30 Jahren sollte man den Hund gewöhnlich mit der „Hundepeitsche" schlagen. Viele Hundeleinen konnten gleichzeitig als Peitschen verwendet werden. Das wurde dann vom „korrigierenden" Ruck an der Leine abgelöst.

Danach kamen die etwas „naturnäheren" Abstrafungen, oft mit der Begründung, dass die Hunde sich untereinander auch so behandelten. Speziell die Hundemutter wurde belastet, man begründete die Strafe damit, dies sei „wie bei Mutter".

Konrad Lorenz empfahl in den fünfziger Jahren, man solle Welpen und sogar erwachsene Hunde an der Nackenhaut schütteln. Das hatte er bei Hundemüttern beobachtet, die ihre ungehorsamen Welpen dadurch bestraften. Aber diese Art von Strafe ist bei Hündinnen nicht so alltäglich, selbst wenn es vorkommen kann. Das zeigt die von mir gerade zitierte Untersuchung.

Das Nächste war, den Hund über die Schnauze oder in das Ohr zu beißen. Dies wurde von Beobachtungen abgeleitet, bei denen festgestellt wurde, dass dies erwachsene Hunde tun, wenn sie wütend aufeinander sind. Ganz gewiß kommt es vor, aber es ist nicht besonders häufig und verbreitet. Es gibt Leute, die angeben, dass das Über-die-Schnauze-Beißen rassebedingt sei. Beim Shetland Sheepdog ist es zum Beispiel sehr verbreitet.

*Hunde zur Strafe an der Nackenhaut zu schütteln gilt als „naturnah".*

Später, gegen Ende der siebziger Jahre, kam der Rat auf, dem Hund die Ohren zu verdrehen, wenn er etwas falsch machte. Dieser Tipp gewann schnell Gehör. Man wies darauf hin, dass Hündinnen es ebenfalls täten. Das ist jedoch eine Methode, die ich absolut nicht empfehlen kann. Teils, weil es in Wirklichkeit sehr selten ist, dass die Hündin die Welpen an den Ohren fasst, teils, weil es auch direkt schaden kann. Die vorher schon zitierte Untersuchung ergab hierüber Folgendes:

Wie oft haben Sie gesehen, dass eine Hündin einen Welpen in das Ohr gebissen hat?

Die Antworten der Züchter waren folgende:

79,7 % nie
18,9 % einige Male (oft im Spiel)
 1,4 % oft

In jedem Fall ist es bis zur neunten Woche selten, dass die Hündin die Ohren ihres Welpen zum Zwecke der Erziehung zwickt.

Des Weiteren kann es auch schädlich sein, da ein Risiko besteht, tiefer im Ohr gelegene Bereiche durch übermäßige

Belastung zu schädigen. Ich möchte davor warnen, diese Methode gegenüber Welpen zu gebrauchen, gerade aufgrund der möglichen Schädigung des Ohres. Man kann das Ohr als weniger schmerzempfindlich ansehen, aber das ist keine Garantie dafür, dass es nicht geschädigt wird. Außerdem ist es eine Strafe, die man wirklich nicht empfehlen kann. Erstens ist sie unnatürlich, zweitens verursacht sie Schmerzen, die oft zur Aggressivität führen. Außerdem ist sie unnötig. Wir brauchen nicht zu solch harten Maßnahmen zu greifen, wir können es auch leichter erreichen, dass der Hund uns folgt.

## Missverstandene Dominanz

Nach meiner Auffassung liegt das Problem der Dominanz gegenüber Untergebenen an einer ganz anderen Stelle. An einem Tag, schon vor vielen Jahren, ist mir dies aufgefallen, als ich einen erwachsenen Hund beim Spiel mit einem Welpen beobachtete. Das Spiel beinhaltete einen gewissen „dominanten" Einschlag. Der Welpe wurde nicht im Geringsten ängstlich und von Seiten des Erwachsenen wurde keine Aggression in das Spiel eingebracht. Trotzdem konnte er ausreichend demonstrieren, wer hier bestimmte – auf eine nette und freundliche Art. In meinen Gedanken tauchte plötzlich ein Begriff auf, den ich nicht mehr vergessen konnte: die *nette Führung*, die *freundliche Dominanz*.

Vielleicht haben wir Menschen es ganz einfach missverstanden, was Tiere mit Dominanz meinen. Wir definieren Dominanz als etwas Strenges und Autoritäres, nur weil wir selbst zu dieser Ansicht neigen. Wir glauben, dass Dominanz und Aggression im Großen und Ganzen das Gleiche seien. Wir glauben, dass das in der sozialen Rangfolge hoch platzierte Tier auch das aggressivere sei. Aber es ist genau umgekehrt.

*Der Zusammenhalt der Wolfsmeute ist aufgebaut auf Vertrauen, Zärtlichkeit und gegenseitigen Respekt.*

## Ein interessantes Forschungsergebnis

Der amerikanische Forscher Randall Lockwood führte eine sehr aufschlussreiche Untersuchung bei Wölfen durch. Er bemerkte, dass das Ergebnis einer Prügelei eine schlechte Möglichkeit ist, die Rangordnung zu bestimmen. Handlungen, die auf Uneinigkeit beruhen, sind selten Rangkonflikte. Man kann sagen, dass unsere Ansicht, dass „sie sich schlagen, um herauszufinden, wer bestimmt", nicht korrekt ist. Es geht n i c h t um die Rangordnung, wenn sich Hunde prügeln. Für sie ist es überhaupt nicht sicher, dass derjenige, der gewinnt, auch der ist, der bestimmt und den höheren Rang hat. Er wies darauf hin, dass Beobachtungen sowohl bei Wölfen als auch bei Affen zeigten, dass es oft die Untergeordneten (tiefer im Rang Stehenden) sind, die aggressives Verhalten zeigen. Die Ranghöheren werden selten wütend.

Ich selbst bin vielen Hunden in meinem Leben begegnet. Ich sah sie sowohl beim Spiel, bei Beißereien als auch miteinander auf ruhige Art umgehen, und ich konnte feststellen: Es sind die Selbstsichersten, die Ranghöchsten, die Dominantesten, die sich am wenigsten prügeln.

**Es sind gerade die Unsichersten,
die am meisten Aggressivität zeigen!**

## Eine neue Bedeutung der „Dominanz"

Da die allgemeine Auffassung darüber, was das Wort Dominanz eigentlich bedeutet, nicht mit der Meinung, die die Hunde hierüber haben, übereinstimmt, ging ich seit Mitte der siebziger Jahre dazu über, stattdessen von der Führerschaft zu reden. Ich entwickelte den Begriff der *„freundlichen Führerschaft"*. Die Idee war, dass wir Menschen versuchen sollten, auf eine freundliche Art zu bestimmen. Wie dies Hunde untereinander tun. Ältere Hunde bestimmen über jüngere allein mit der Kraft ihrer Sicherheit und ihres Alters. Auseinandersetzungen können durch ein bestimmtes kleines Spiel geregelt werden, oder ein Älterer ignoriert die Provokation zu einer Beißerei durch einen Jüngeren völlig. Derjenige, der am besten seine Ruhe und Würde bewahrt, ist letztendlich der „Ranghöchste".

## Sollen wir keine Führer sein?

Sollen wir denn nicht über unsere Hunde bestimmen? Doch, es ist selbstverständlich, dass wir bestimmen sollen, was er tun oder nicht tun soll, oder wir können sie nicht halten. Es gibt viele Dinge, die ein Hund nicht tun oder können soll, um in unsere Familie und Gesellschaft zu passen. Er darf keine Leute oder andere Tiere beißen, er darf nicht streunen, nicht an Leuten, denen man begegnet, hochspringen. Er soll hören, wenn man zu ihm sagt, dass er an der Leine ordentlich gehen soll, und er soll kommen, wenn man nach ihm ruft. Es ist notwendig, dass wir die Rolle als Führer für unsere Hunde übernehmen.

Aufgrund der unglücklichen Bedeutung, die das Wort Dominanz bekommen hat, glauben viele, dass man als Führer streng gegen seinen Hund sein soll. Aber genau das ist ein richtiger Führer eben nicht. Je mehr man an der Leine ruckt, schreit, kommandiert und auf autoritäre Art mit dem Hund herumhunzt, desto weniger ist man sein Führer. Es ist ja gerade der Unsichere, der in einem Wolfsrudel oder in einer Hundemeute oft seine Aggression zeigt. Der Sichere zeigt seine Autorität selten auf diese Art.

Führerschaft wird, wie es scheint, vor allem durch Selbstsicherheit aufgebaut und am wenigsten durch Aggression. Mehr durch Vertrauen als durch Respekt.

## Dem Hund die Leviten lesen

Freundliche Führung drückt sich in der Praxis dadurch aus, dass man z. B. seinem Hund „die Leviten liest". In einer weichen und freundlichen Art nämlich. Leider gibt es Menschen, die auch das missverstanden haben. Sie packen den Hund am

*Seinem Hund sollte man auf freundliche Art und Weise die Leviten lesen und ihn keinesfalls aufgeregt anschreien.*

Fell, stieren ihm drohend in die Augen, schütteln ihn und schreien aufgeregt.

Nein, so darf man es gerade nicht machen. Man nimmt seinen Kopf leicht in beide Hände, probiert Augenkontakt mit ihm aufzunehmen, ohne ihm dabei jedoch aufgeregt in die Augen zu starren, und sagt ihm auf freundliche Art, was man von seinem Verhalten denkt. Gerne kann ihm am Schluss auch ein Kuss auf die Nase gegeben werden.

Diejenigen, die es auf die richtige Art und Weise machen, können erleben, wie gut der Hund sie versteht und freudig gehorcht. Natürlich gibt es auch Hunde, die nicht auf das „Levitenlesen" reagieren. Etwas anderes wäre auch unnatürlich, da Hunde so verschieden sind.

# Aggressionshemmende Signale bei dominanten Tieren

Je selbstsicherer und dominanter ein Hund ist, desto weniger Aggressivität zeigt er, selbst wenn er provoziert wird. Dagegen ist ein solches vierbeiniges Individuum oft ein richtiger Sachverständiger für die Signale, die bei anderen Hunden die Aggression hemmen und dämpfen. Es ist fantastisch zu beobachten, wie ein älterer Hund auf eine meist friedliche Art einen Junghund, der gerade versucht, eine Prügelei zu beginnen, vollständig entwaffnet.

### Gähnen

Es gibt eine Theorie, die besagt, dass ein Hund gähnt, um dem Blut vermehrt Sauerstoff zuzuführen – genau wie bei den Menschen. Es soll einem das Wachbleiben erleichtern oder helfen, nach einer Schlaf- oder Ruhepause schneller wach zu werden.

Es ist also eine Reflexhandlung, die eine bestimmte physiologische Ursache hat. Das Ziel ist dabei immer das Gleiche. Entweder sitzt man zum Beispiel in einem Vortrag, sinkt in den Schlaf und versucht krampfhaft wach zu bleiben, oder man versucht frühmorgens wach zu werden. Das Blut benötigt also eine extra Portion Sauerstoff.

Aber bei unseren Hunden und vielleicht auch bei einigen anderen Tieren hat das Gähnen noch einen anderen Zweck. Es ist in der Lage, die Aggression eines drohenden Gegners zu dämpfen. Ein Hund, der sich durch die knurrende Warnung eines anderen Hundes bedroht fühlt, kann plötzlich gähnen. Damit zeigt er ein Verhalten, das einer Drohung, einer Provokation oder einem Angriff direkt entgegengesetzt ist. Dies ist jedoch kein Zeichen der Unterwerfung, wie andere, die sonst üblich sind, um Aggressivität zu dämpfen.

Vielleicht sind wir geneigt zu sagen, dass das Gähnen eine Demonstration von Nonchalance und totaler Gleichgültigkeit sei. Die Wirkung auf den Herausforderer ist jedoch erheblich. Eine Drohung wird nämlich dadurch effektiv gedämpft, und der gerade so freche Hund scheint in dieser Situation ratlos und unsicher zu werden.

Besonders häufig wird ein Hund das Gähnen gegenüber einem anderen draufgängerischen Hund anwenden, wenn dieser Unsicherheit und Angst zusammen mit Aggression zeigt. Bewacht ein rangmäßig nieder platzierter Hund seine Mahlzeit oder ist er gegenüber einem dominanteren Tier so ängstlich und unsicher, dass er aus diesem Grund Aggression zeigt, wird der dominantere und selbstsichere Hund oft gähnen. Dies scheint sowohl zu entwaffnen als auch zu beruhigen. Ein ausgesprochenes Demonstrationsgähnen.

Das Gähnen wurde auch schon von Menschen ausprobiert, die von einem Hund bedroht wurden. Eine Frau hat es zum Beispiel gegenüber einem starken Bernhardiner, einem Rüden, angewandt, der sein Futter streng bewachte. Sie gab dem Hund das Futter, und dieser begann sofort intensiv zu knurren. Da sie gehört hatte, dass Gähnen erfolgreich sein könne, probierte sie es in ihrer Ratlosigkeit mit einem lang gezogenen Gähnen. Daraufhin hörte der Hund mit dem Knurren sofort auf und fing auch nicht mehr damit an. Danach konnte diese Frau ausgezeichnet in der Nähe des Hundes bleiben, während dieser fraß, ohne dass er im Geringsten knurrte.

### Ablenkungsmanöver: Schnüffeln und Bellen

Eine andere Art, eine Provokation oder eine Drohung zu dämpfen, ist das Schnüffeln des Hundes am Boden. Er scheint sowohl taub als auch blind zu sein. Dort, wo er schnüffelt, befindet sich natürlich nichts Interessantes, dies ist nur ein Ablenkungsmanöver. Wenn ein Hund am Schnüffeln interessierter als an einem Kampf ist, kann der andere Hund nicht angreifen.

Ich habe verschiedene Hunde in schwierigen und bedrohlichen Situationen dabei beobachtet, dass sie ihre Aufmerksamkeit plötzlich gegen etwas weit Entferntes, scheinbar Gesehenes oder Gehörtes richteten. Sie gingen dann kläffend in die bestimmte Richtung. Der drohende Angreifer gab den Versuch, eine Beißerei zu beginnen, daraufhin auf.

### Sich kratzen

Eine der souveränsten Arten, die Streitlust eines Gegners zu dämpfen und ihn zu beruhigen, die ich je gesehen habe, ist die Methode, sich zu kratzen anstatt eine Beißerei zu beginnen.

Ich vergesse zum Beispiel nie den achtjährigen Neufundländer, der ein typischer Führer war. Der Rüde konnte zu jeder Zeit über andere Hunde bestimmen, außer möglicherweise über Hündinnen, mit denen er sich zu paaren versuchte. Dieser Rüde lehnte Beißereien konsequent ab. Selbst wenn er bösartige Hunde traf, kam es nie zu einer Beißerei.

Durch Zufall wurde einmal ein zweijähriger Schäferhund, der keine anderen Hunde dulden wollte, losgelassen. Der Schäferhund griff den Neufundländer alsbald heftig an. Aber als er in die Nähe des Neufundländers kam, wendete ihm der achtjährige sein Hinterteil zu. Bei diesem Winkel konnte ein Angriff unmöglich durchgeführt werden, sodass der Schäferhund um ihn herumsprang, um ihn von vorne zu packen. Da setze sich der ältere Rüde einfach still und ruhig nieder und begann sich ein wenig zerstreut zu kratzen. Es sah zwar nicht so aus, als ob ihn tatsächlich etwas jucken würde, aber er kratzte sich dennoch an verschiedenen Stellen an seiner Seite. Der Ausdruck des angreifenden Rüden war unbezahlbar. Er wurde ganz steif, verwirrt und untergeben. Nach einiger Zeit spielten sie zusammen, der achtjährige mit hoher, der zweijährige mit niederer Schwanzhaltung.

## Unterwerfung

Speziell junge und unsichere Hunde dämpfen Aggression, indem sie ihre Unterwerfung zeigen. Die Unterwerfungssignale sind wichtig. Sie sollen nämlich verhindern, dass starke Verletzungen entstehen. Welchen Ursprung haben diese Signale der Unterwerfung? Weshalb können sie so wirkungsvoll jemanden bremsen, der wütend ist? Bei näherer Betrachtung erkennt man, dass sie alle aus dem Welpenverhalten stammen.

### Sich kleiner machen

Bei Unterwürfigkeit beginnt ein Hund zu kriechen, er wird kleiner. Er setzt sich vielleicht nur, oder er legt sich nieder. Er senkt den Kopf nahe zum Boden. Die Wirkung, die sich durch

*Junge und unsichere Hunde dämpfen Aggression, indem sie ihre Unterwerfung zeigen. So vermeiden sie stärkere Verletzungen.*

das Verkleinern ergibt, beeinflusst den Drohenden. Er hat plötzlich einen kleinen Welpen vor sich.

Große Hunde gehen kleinen oft aus dem Weg. Deren Größe erinnert übermäßig an einen Welpen. Ich kann mich an eine Dänische Dogge erinnern, die sich vor einem kleinen, wütenden Yorkshire-Terrier zurückzog. Dabei war der Große normalerweise ein Schlägertyp. Wahrscheinlich war einer der Faktoren, die dafür verantwortlich waren, dass der Große in seiner Aggression gedämpft wurde, gerade die geringe Körpergröße des Terriers.

Gelegentlich kann man bei großen Hunden ein folgenschweres Verhalten beobachten. Sie lassen sich nicht davon beeinflussen, dass ein kleiner Hund wie ein Welpe aussieht. Sie greifen trotzdem an. Selbst wenn es auch nicht üblich ist, kann es doch geschehen, dass kleine Hunde totgebissen werden. Bei solchen Ereignissen hat der große Hund den kleinen mit hoher Wahrscheinlichkeit nicht als Hund erkannt, eher als ein fremdartiges Beutetier. Dies war für ihn Jagd und keine Beißerei, und deshalb hatte der Kleine keine Chance. Dadurch kann man auch die Unruhe, die manche Besitzer kleiner Hunde verspüren, wenn sie einem großen Hund begegnen, verstehen.

**Lecken**

Ein Verhalten, das seine Wurzeln direkt in der Welpenzeit hat, ist die Leckbewegung gegen die Mundwinkel des dominanteren Hundes, auf die gleiche Art, wie Hunde versuchen an unserem Mund zu lecken. Dieses Verhalten wird auch oft als sogenannte Intentionshandlung ausgeführt. Das bedeutet, dass das Handlungsmuster nicht durchgeführt wird – wir sehen nur die einleitenden Bewegungen. Der untergebene Hund leckt sich wiederholt an der Schnauze oder markiert das Lecken bloß, indem er ein paarmal ein Stück der Zunge zeigt, wenn er sich bedroht fühlt.

**Winseln und Kläffen**

Selbst die Laute, die beim Unterwerfungsverhalten auftreten, klingen wie Welpenlaute. Sie bestehen überwiegend aus Winseln und Kläffen. Ein stark gedrückter Hund kann sich niederlegen und auf den Boden drücken, und gleichzeitig gibt er ängstliche, schwache Laute von sich, welpenähnliche Laute, nahe einem Winseln.

Es kann geschehen, dass ein Hund die Unterwerfungssignale des unterlegenen Hundes nicht sofort respektiert. Wenn die Signale nicht die gewünschte Wirkung haben, kann der unterlegene Hund umschlagen und „wütend" werden. Er kann ausfallend werden und gegen den anderen einen Biss in die Luft markieren, gleichzeitig mit diesem Ausfall kläfft er, um seine Untertänigkeit zugleich zu markieren. Dies erklärt dem Dominanten deutlich, dass es ein Fehler war, die Unterwerfungssignale nicht zu respektieren. Diese Botschaft ist sehr deutlich und der Dominantere wird ihm gegenüber nun vorsichtiger sein.

Ein Teil der ängstlichen Hunde, die anderen Hunden nicht vertrauen, handelt nach der Devise „Angriff ist die beste Verteidigung". Wenn ein anderer Hund in die Nähe kommt, wird er ausfällig. Aber hört man genau hin, so winselt und kläfft er gleichzeitig, während er, wie eine Kreuzotter, angreift und sich mit Kopf und Körper gegen den, der sich nähert, wirft. Dadurch unterstreicht er seine Unsicherheit und Angst. Er würde gerne in Ruhe gelassen werden.

### Das Heben der Pfote

Im Erwachsenenalter wird das Heben der Pfote als Unterwerfungsgeste gebraucht und von anderen Hunden als solche auch aufgefasst. Es ist ein besänftigendes Signal. Ein unterlegener Hund kann einen drohenden Hund auch liebkosen, ohne befürchten zu müssen, missverstanden und in die Pfote gebissen zu werden. Wenn jedoch der unterlegene Hund die Pfote auf die Schulter des anderen legt und vielleicht auch gegen dessen Gesicht stößt, kann dies als Provokation übersetzt werden.

*Das Heben der Pfote wird als Geste der Unterwerfung verstanden.*

### Sich auf den Rücken legen

Wirft sich ein Hund gegenüber einem anderen Hund auf den Rücken, ist dies ein Zeichen der starken Unterwerfung. Üblich ist es bei Welpen, aber auch erwachsene Hunde können sich so verhalten. Nimmt der Unterlegene diese „Welpenposition" ein, versteckt er auch das dunklere Fell seines Rückens. Dadurch wird der hellere Bauch entblößt, die aggressionsdämpfende Wirkung kann zur Geltung kommen. In der Rückenlage werden viele andere Möglichkeiten, Drohsignale zu zeigen, vor allem die Gesichtsmimik, verdeckt. Es handelt sich um passive Unterwerfung. Hunde, die liegen, sind ganz still und passiv. Diese totale Unterwerfung hat etwas Ruhiges und Sicheres an sich. Bei der aktiven Unterwerfung hingegen ist der Untergebene angespannter und unsicherer, weil er aktiv versucht, den Dominanten zu besänftigen.

**Der Gesichtsausdruck**

In der Unterwerfungsmimik wird das Gesicht des Hundes nach hinten gezogen, und der Kopf bekommt einen runden Ausdruck, der für Welpen charakteristisch ist. Die Ohren werden nach hinten gelegt, die Haut gestrafft, die Mundwinkel gegen die Ohren zurückgezogen. Das Gesicht erinnert eher an das eines Welpen als an das eines erwachsenen Hundes.

**Das „Welpenschema"**

Gesichts-, Kopf- und Körperform scheinen auf Menschen und Tiere gewisse Auswirkungen zu haben. Konrad Lorenz beschrieb in den vierziger Jahren das „Baby- oder Kindchenschema". Er sprach von den unterschiedlichen Formen des Aussehens der Erwachsenen und dem Aussehen, das für Neugeborene typisch ist. Das gilt darüber hinaus für alle jungen Säugetiere.

Konrad Lorenz betonte, dass das „Kindchenschema" instinktiv Aggression dämpft und einen Pflege- und Beschützerdrang auslöst. Es sind Einzelheiten im Aussehen des Jungen, die diese Wirkungen verursachen.

Das „Kindchenschema" wirkt grundsätzlich auch beim Menschen. Das Aussehen von Kleinkindern weckt positive Gefühle. Denken wir an eine Gruppe von Erwachsenen rund um einen Kinderwagen oder an ihre Reaktionen, wenn sie etwas sehen, das wie ein Kleinkind aussieht. Selbst junge Katzen oder Kaninchen, Lämmer, Küken, Hundewelpen und viele andere Jungtiere können die gleichen Gefühle wecken. Sie haben alle etwas gemeinsam, nämlich einen großen, runden Kopf, große, runde Augen, kleine Ohren und obendrein

*Das „Kindchenschema" dämpft Aggression und löst einen Pflege- und Beschützerdrang aus.*

geben sie Laute von sich, die für Kleinkinder und Jungtiere typisch sind.

### Können sich Hunde schämen?

Wenn ein Hund etwas falsch gemacht hat und man seine Unzufriedenheit hierüber zum Ausdruck bringt, sieht man oft ein Verhalten, als ob er sich schäme. Er beginnt zu kriechen, hält den Kopf nahe am Boden, dreht Ohren und Mundwinkel nach hinten und hat den Schwanz zwischen den Beinen eingeklemmt.

Aber kann ein Hund sich wirklich schämen? Das wissen wir nicht. Und wir werden vermutlich auch niemals genau feststellen können, was im Kopf eines Hundes vor sich geht. Das weiß nur der Hund selbst.

*Aus bestimmten Körpersignalen, die ein Hund zeigt, glauben wir zu erkennen, dass er sich schämt.*

Was der Hund letztlich denkt und fühlt, bleibt für uns ein Geheimnis. Aus den Körpersignalen, die der Hund in dieser Situation zeigt, glauben wir zu erkennen, was er erlebt. Studieren wir die Signale genauer, die der Hund zeigt, wenn wir annehmen, er würde sich schämen, dann sehen wir aber in Wirklichkeit sämtliche Signale der Unterwerfung.

Ungeachtet dessen also, was ein Hund nun wirklich fühlt oder erlebt, er zeigt Unterwerfung. Das müssen wir respektieren und damit von jeder Art der Bestrafung Abstand nehmen. Außerdem lernt ein Hund nichts durch eine Strafe, die erst kommt, nachdem er etwas falsch gemacht hat.

Es ist also eine unhaltbare Meinung, dass ein Verhalten bedeutet, dass der Hund sich schäme. Es ist auch ein wenig gefährlich, wenn wir so denken und dann fortfahren.

Wenn wir annehmen, dass ein Hund sich schämen kann, nehmen wir gleichzeitig auch an, dass er weiß, was er falsch gemacht hat, dass er also an die verbotene Handlung denkt. Das führt zum nächsten Schritt, dass wir ihn nun auch bestrafen. Durch die falsche Annahme haben wir plötzlich eine Bestrafung legalisiert, die mit einer grundlegenden Regel in der Hundewelt bricht, dass Unterwerfung nämlich respektiert wird.

### Kann ein Hund eifersüchtig sein?

Das gleiche gilt für den Begriff der Eifersucht. Wir werden niemals wissen, ob ein Hund Eifersucht fühlt. Ja, wir wissen nicht, was ein Hund überhaupt fühlt. Wir ziehen nur Schlussfolgerungen aus dem Verhalten des Hundes.

*Wenn Herrchen und Frauchen sich umarmen, versucht ihr Hund dazwischenzugehen. Eifersucht?*

Welches Verhalten beobachten wir nun, wenn wir sagen, der Hund sei eifersüchtig? So geht im Allgemeinen ein Hund dazwischen, wenn sich Herrchen und Frauchen umarmen oder wenn wir einen anderen Hund begrüßen wollen. Es braucht sich hier jedoch nicht um Eifersucht zu handeln. Es kann gut daran liegen, dass der Hund eine enorme Sensibilität gegenüber Nähe hat. Hunde provozieren einander oft, indem sie dicht aneinander herangehen und Körperkontakt aufnehmen. Sie reagieren daher auf dieselbe Art, wenn andere sich zu nahe kommen. Es ist, als würden sie das Provozierende an dem sehr nahen Kontakt zwischen anderen ablesen. Wenn zwei Hunde zum Beispiel nahe beieinander stehen und es herrscht Spannung zwischen ihnen, kann man beobachten, wie andere Hunde, die in der Nähe sind, auf diese gespannte Atmosphäre reagieren. Umarmen sich also nun Herrchen und Frauchen, reagieren manche Hunde darauf, indem sie dazwischengehen als wollten sie versuchen, die Entstehung einer Beißerei zu verhindern.

Das Gleiche geschieht, wenn man einen fremden Hund begrüßt. Der eigene kann sich dazwischenstellen oder auf andere Art zeigen, dass er darauf reagiert, wenn der andere zu nahe kommt. Wahrscheinlich ist es nichts anderes als das, aber wir übersetzen es als Eifersucht. Eine schlechte Erklärung, da sie sich so negativ anhört. Es wird von uns nicht akzeptiert, wenn ein Hund scheinbar eifersüchtig ist. Wird ein Hund mit dem Vorurteil belegt, eifersüchtig zu sein, kann dies manchmal zu bösen Folgen führen.

Ein vierjähriger Schäferhund verlor beinahe sein Leben, weil man behauptete, er sei eifersüchtig auf das dreijährige Kind der Familie. Eine nähere Untersuchung seines Verhaltens zeigte, dass das Kind sich sehr provozierend gegenüber dem Hund verhalten und ihn oft gequält hatte. Das Verhältnis zwischen Kind und Hund war deshalb einfach nicht das beste. Lief das Kind zur Mutter, weil es umarmt werden wollte, ging der Hund dazwischen. Vielleicht war er beunruhigt durch die ernsthafte Drohung, die nach seiner Meinung in diesem Verhalten lag und vor der er sein Frauchen beschützen wollte, indem er dazwischenging, dabei jedoch weder knurrte noch auf eine andere Art Unfreundlichkeit ausdrückte. Er ging nur dazwischen. Zuerst wurde der Hund als eifersüchtig angesehen. Viele warnten die Familie, dass der eifersüchtige Hund auf das Kind losgehen würde, und sie entwarfen ein Schreckensbild nach dem anderen. „Tötet den Hund!" sagten die meisten. Aber wir konnten dieses Verhalten auf eine andere Art analysieren und erklären und dadurch die Situation entschärfen. Zuerst begannen wir damit, das Kind zu trainieren, gegenüber dem Hund etwas vorsichtiger zu sein.

## Menschenscheue Hunde sind selten wirklich scheu

Manche Menschen schauen auf ängstliche Hunde herab, nennen es „psychische Schwäche" oder sagen, dass sie eine „schlechte Veranlagung" hätten. Einen Hund als problematisch anzusehen, speziell, wenn er gegenüber Menschen zurückhaltend oder ängstlich ist, ist unwissenschaftlich und unhaltbar. Ein Hund, der vor Fremden Furcht zeigt, ist selten ängstlich in dieser Bedeutung. Er ist „signalempfindlich". Er missversteht die menschliche Körpersprache.

In den Augen der Hunde können unsere menschlichen Körpersignale etwas ganz anderes bedeuten, als wir ausdrücken wollen. Ein freundlicher Mensch kann auf sie drohend wirken.

In den Augen der Hunde können Drohsignale so etwas sein wie verlängerter Augenkontakt, entblößte Zähne des Oberkiefers, das Verlegen des Körpergewichts nach vorne, das direkte Entgegengehen und das Herabbeugen.

Genau so führen sich die meisten Personen auf, die gegenüber einem ängstlichen Hund freundlich wirken wollen. Sie schauen dem Hund in die Augen und lächeln (= Zähne zeigen). Sie gehen mit vornübergebeugtem Oberkörper direkt auf ihn zu. Sie kommen nahe heran, um ihn mit der Hand von oben zu klopfen. Man braucht sich nicht zu wundern, wenn der Hund zurückweicht. All das sind Drohsignale für den zurückhaltenden Hund.

### Kontaktaufnahme mit einem ängstlichen Hund

Es ist nicht schwer, mit einem menschenscheuen Hund Kontakt aufzunehmen, wenn man ein wenig die Hundesprache kennt und weiß, wieviel Aufmerksamkeit den Körpersignalen gewidmet wird, wie höflich das Begrüßungsritual ist und wie genau bei einer Begegnung auf Respekt und Höflichkeit geachtet wird.

Wenn Sie einen Hund sehen, der vor Ihnen Angst hat, und Sie wollen mit ihm Kontakt aufnehmen, dann sehen Sie sofort in eine andere Richtung. Denn er wird Sie genau studieren, um Ihre Absichten zu erkennen. Wenden Sie ihm die Seite zu. Wenn Sie sich bewegen, gehen Sie entspannt und nicht zu schnell und nicht direkt gegen ihn. Er wird auf die Richtung sehr aufpassen und sich sofort bedroht fühlen, wenn er bemerkt, dass Sie sich direkt gegen ihn wenden. Gehen Sie um ihn herum. Wenn Sie in seine Nähe gekommen sind, wenden Sie ihm die Seite zu und hocken Sie sich nieder. Tun Sie so, als würden Sie sich für etwas auf dem Boden interessieren, und tasten Sie ein bisschen herum. Schauen Sie nicht auf den Hund, selbst wenn es einige Zeit dauert. Das Beste ist, wenn Sie einen Leckerbissen mit der Hand etwas vom Körper entfernt in Richtung des Hundes halten. Sie können auch leise und ruhig sprechen. Dies scheint den Hund nicht zu erschrecken, sondern ihm ein Gefühl der Sicherheit zu vermitteln. Etwas später spüren Sie die kalte Schnauze, die an Ihrer Hand schnüffelt, und vielleicht auch die warme Zunge, die vorsichtig den Leckerbissen nimmt.

Versuchen Sie nie, den Hund zu klopfen. Das könnte alles zerstören. Wenn er Sie soweit akzeptiert, dass Sie ihn berühren können, wird er Ihnen dies selbst zeigen. Dies dauert im Allgemeinen nicht allzu lange.

### Woran erkennt ein Hund, ob ein Mensch vor ihm Angst hat?

Sie haben vielleicht schon oft gehört, dass ein Hund mit Hilfe des Geruchssinnes entscheidet, ob ein Mensch ängstlich ist. Der Geruch der vermehrt produzierten Stresshormone, unter anderem Adrenalin, soll vom Hund registriert werden können.

Es ist jedoch nicht wahrscheinlich, dass dies der Fall ist, da es sich um so kleine Mengen dieser Stoffe handelt. Außerdem wird Adrenalin in größerer Menge nicht durch die Haut ausgeschieden. Das meiste wird von der Niere in den Urin filtriert.

Hunde müssten dann auch auf Leute reagieren, die sich gerade angestrengt haben, zum Beispiel, weil sie soeben gelaufen und deshalb kurzatmig sind. Auch in dieser Situation verstärkt sich die Produktion unter anderem von Adrenalin.

Es wurde eine kleine Untersuchung durchgeführt, um herauszufinden, wie ein Hund es registriert, ob eine Person Angst hat oder auf andere Art aufgeregt ist. Einige Teilnehmer eines Psychologiekurses in den sechziger Jahren nahmen an der Untersuchung teil. Die Durchführung war wissenschaftlich nicht ganz korrekt, aber das Resultat war so eindeutig, dass es trotzdem interessant war.

Mehrere Hunde sollten mehrere Personen begrüßen. Unter den Personen waren zwei, die vor Hunden Angst hatten, und zwei, die so tun sollten, als ob sie Angst hätten. Drei waren neutral und eine Person bekam das Präparat Ephedrin, das im Körper die gleiche Wirkung wie Adrenalin hat. Diese Versuchsperson, die keine Angst vor Hunden hatte, bekam starke Stresssymptome wie Herzklopfen, Schweißausbruch und das Gefühl starker Erregung.

Sechs Hunde wurden mit diesen Versuchspersonen konfrontiert. Es wurde beobachtet, ob die Hunde auf den Geruch oder auf das Verhalten der Versuchspersonen reagierten. Nacheinander trafen die Hunde auf die Personen und schnupperten an ihnen. Einige der Hunde waren gegenüber Fremden zurückhaltend und hätten also deutliche Reaktionen zeigen müssen.

Das Ergebnis war, dass keiner der Hunde auf die Person reagierte, die das Ephedrin-Präparat bekommen hatte. Keiner der Hunde reagierte auch auf die eine der zwei Personen, die vor Hunden Angst hatten. Auf die andere der beiden reagierten einige der Hunde jedoch schwach. Die Beobachter waren sich einig, dass die Ursache hierfür war, dass diese Versuchsperson ihre Körpersignale, die das Misstrauen gegenüber Hunden verdeutlichten, nicht verstecken konnte. Keiner der Hunde reagierte auf die neutralen Personen, also auf diejenigen, die weder ängstlich waren noch Ängstlichkeit vorspielten. Dagegen reagierten die meisten der Hunde auf die zwei, die Angst vortäuschten. Diese sonderten keinen Geruch von Stresshormonen ab, der über dem normalen Niveau lag, aber sie zeigten mit ihrem Verhalten, dass sie Angst hatten. Man konnte auch beobachten, dass diese zwei Personen von den Hunden sorgfältiger studiert wurden als die Übrigen.

Wir kommen also zu dem Schluss, dass Hunde nicht auf den Geruch einer Person reagieren, sondern dass sie ausschließlich deren Auftreten untersuchen. Das wurde von einer langen Reihe von Untersuchungen, die ich im Laufe der Jahre gemacht habe, bestätigt. Auch die Tatsache, dass Menschen konstant mehr oder weniger große Mengen Stresshormone ausscheiden, unterstützt diese Theorie. Das gilt für alle Formen der Anstrengung und Erregung, nicht nur bei Furcht. Damit der Hund die richtige Information über eine Person erhält, entschlüsselt er deren Körpersignale, die ihm Auskunft darüber geben, wie eine Person reagiert.

### Begrüßungstraining für signalempfindliche Hunde

Es sind also die Körpersignale des Menschen, mit deren Hilfe der Hund entscheidet, wie er sich verhalten soll, und ob es einen Grund gibt, Angst zu haben. Aber hier gibt es auch Grund zur Hoffnung, wie Missverständnisse vermieden werden können. Zuerst für die Hunde, die vor Menschen Angst haben oder ihnen gegenüber zurückhaltend sind. Man kann ja nicht sagen, dass sie „geisteskrank" seien, und eigentlich auch nicht, dass sie Angst haben. Sie lehnen es ja nicht ab, an einem Menschen zu riechen. Nein, die richtige Bezeichnung ist „signalempfindlich". Sie reagieren einfach auf das, was sie in der menschlichen Körpersprache als Drohsignale auffassen, und sie ziehen sich zurück, wenn sie diese Signale ordentlich lesen.

*Signalempfindliche Hunde kann man trainieren, um ihr Vertrauen zu stärken.*

Viele so genannte menschenscheue Hunde bräuchten überhaupt nicht ängstlich zu sein, wenn alle Menschen wüssten, wie man gegenüber einem solchen Hund auftritt. Faktisch sollte es so sein, dass der Fremde sich zurückzieht und den reservierten Hund in Frieden lässt, bis dieser selbst kommt und ihn begrüßt.

Der signalempfindliche Hund ist leicht zu trainieren, um vertrauensvoll zu werden. Man lehrt ihn das Wort „Gruß" in Verbindung mit einer Person, die ihm einen Leckerbissen gibt. Vor allem am Anfang des Trainings sollte diese Person ihm das Hingehen durch eine aus der Sicht des Hundes „freundliche" Körperhaltung erleichtern.

Die Übung wird schrittweise über fünf Stufen gesteigert, bei der die Körpersprache des Figuranten von der als überhaupt nicht bedrohlich empfundenen bis zur normalen Begrüßungssituation reicht. Begonnen wird mit dem hockenden Figuranten, der seine Seite dem Hund zuwendet. In dieser Stellung sind die meisten der scheuen Hunde nicht ängstlich. Die Person hält einen Leckerbissen in der Hand, die sie gegen den Hund ausstreckt. Danach sitzt der Figurant dem Hund frontal gegenüber, später richtet er sich auf. Beim letzten Schritt kommt der Figurant auf den Hund zu. Bei dieser Gelegenheit wird das Wort „Gruß" so oft als möglich wiederholt. Man beginnt damit etwa acht bis zehn Meter vor dem Figuranten. Natürlich soll der Besitzer sehr viel loben, wenn der Hund hingeht und den Leckerbissen nimmt.

So kann das Begrüßungstraining aussehen:

*Stufe 1: Der Figurant setzt sich mit abgewendetem Kopf nieder. Der Hund wird angelockt, der Besitzer wiederholt unterwegs das Wort „Gruß".*

*Stufe 2: Der Figurant sitzt und hat den Kopf dem Hund zugewendet, jedoch ohne Augen-Kontakt.*

*Stufe 3: Der Figurant steht mit der Seite zum Hund.*

*Stufe 4: Der Figurant steht und wendet sich mit einem kurzen Augenkontakt gegen den Hund.*

*Stufe 5: Der Figurant geht zum Hund, aber nicht direkt auf ihn zu, es scheint so, als würde er vorbeigehen.*

## Stress und Krankheit beeinträchtigen die Hundesprache

Es gibt Hunde, die Schwierigkeiten haben beim Umgang mit Menschen oder auch mit anderen Hunden. Nervöse, aggressive, problematische Hunde, die mit ihrem Leben nicht fertig werden und nicht den richtigen Platz in ihrem Dasein finden. Ihre „Sprache" funktioniert schlecht. Sie „sagen" das Falsche und „lesen" die Signale der anderen falsch ab. Vielfach respektieren sie nicht die Unterwerfungssignale anderer Hunde oder missverstehen deren aggressionsdämpfende Signale. Sie beißen vielleicht Menschen und Hunde von hinten. Sie sind die Neurotiker der Hundewelt.

Man kann sich selbst fragen, weshalb bestimmte Hunde so werden. Es sind selten angeborene Fehler, obwohl wir Menschen dies oft glauben. Wir haben für das falsche Verhalten der Hunde auch eine Menge Erklärungen parat: Instinktverlust, schlechte Nerven, schwache psychische Konstitution, schlechte Veranlagung und viele andere, ähnlich unwissenschaftliche Bezeichnungen, die normalerweise das Todesurteil für den Hund bedeuten. Ist der Hund erst weg, kann niemand mehr beweisen, dass Hilfe möglich gewesen wäre.

Die gewöhnlichsten Gründe dafür, dass die Hundesprache, sowohl das Abgeben als auch das Empfangen korrekter Botschaften, schlecht funktioniert, sind Stress und Krankheit.

Ein Hund, der im Stress lebt, hat – genau wie wir Menschen – Schwierigkeiten in seinem Verhältnis zu den anderen. Deshalb ist es so wichtig, für einen solchen Hund Hilfe zu suchen. Jedoch keine Hilfe, die sich gegen die Symptome richtet, sondern eine, die sich gegen die Ursachen richtet. Es ist also nicht so sehr die Frage, wie man den Hund behandeln soll. Man muss anhand der Symptome die Ursachen erkennen. Es ist notwendig herauszufinden, welche Faktoren im Leben des Hundes dieses Verhalten bewirken.

Auch Krankheiten können die Ursache dafür sein, dass ein Hund merkwürdig reagiert: Ein plagendes, irritierendes Jucken, eine schmerzende Hüfte, Kopfschmerzen, die von einer Verrenkung des Rückens stammen, ein geplatztes Trommelfell, Magenschmerzen. Ja, die Liste ist unheimlich lang. Hat der Hund Schmerzen oder ist irritiert von einem Vorgang in seinem Körper, funktioniert auch sein Sozialverhalten schlecht, genau wie beim Menschen. Dann muss hier die Hilfe ansetzen. Bei den meisten Problemhunden sind die Aussichten der Heilung jedoch ganz gut – bei richtiger Analyse und richtigem Training.

# Literatur

Brunner, Ferdinand: Der unverstandene Hund. Verlag J. Neumann-Neudamm, Melsungen, 1974.
Crisler, Lois: Meine Wölfin – Freundschaft mit einem wilden Tier. F. A. Brockhaus, Wiesbaden, 1970.
Crisler, Lois: Wir heulten mit den Wölfen. F. A. Brockhaus, Wiesbaden, 1972.
Dröscher, Vitus B.: Überlebensformel – Wie die Tiere Umweltgefahren meistern. Rasch & Röhring Verlag, Hamburg, 1983.
Feddersen-Petersen, Dorit, Dr.: Hundepsychologie. Franck'sche Verlagshandlung, Stuttgart, 1987.
Feddersen-Petersen, Dorit, Dr.: Hunde und ihre Menschen. Franck'sche Verlagshandlung, Stuttgart, 1992.
Hallgren, Anders: Hundeprobleme – Problemhunde? Oertel+Spörer, Reutlingen, 1993.
Lorenz, Konrad: So kam der Mensch auf den Hund. Piper, R., München, 1986.
Lorenz, Konrad: Er redete mit dem Vieh, den Vögeln und den Fischen. Piper, R., München, 1988.
Trumler, Eberhard: Hunde ernst genommen. Piper, R., München, 1974.
Zimen, Erik: Der Wolf – Mythos und Verhalten. Meyster Verlag GmbH, München, 1978.

# Ratgeber für die bessere Erziehung

**Anders Hallgren**

## Hundeprobleme – Problemhunde

Ratgeber für die bessere Erziehung

3., überarbeitete Auflage,
312 Seiten, 24 Farb- und
40 SW-Abbildungen
15,2 × 21,5 cm, gebunden
ISBN 3-88627-**804**-2

Weshalb wird ein Hund zum Problemhund? Was unterscheidet einen „normalen" Hund von einem Problemhund? Wie lässt sich das Fehlverhalten eines erwachsenen Hundes korrigieren?
Sachkundig und einfühlsam beantwortet Anders Hallgren, der sich seit über 40 Jahren ausschließlich mit angewandter Hundepsychologie befasst und als Hundetrainer arbeitet, alle Fragen, die Problemhunde betreffen.
Der Autor benennt die am häufigsten auftretenden Störungen wie Furcht, Aggressivität gegen Fremde (Menschen und Hunde) und Aggressivität gegen Familienmitglieder, deckt ihre ursächlichen Zusammenhänge auf und unterbreitet eine Fülle praktischer Vorschläge, wie das Verhalten des Problemhundes durch geeignetes Training korrigiert werden kann.

Bestellen Sie bei Ihrer Buchhandlung!

**Verlagshaus Reutlingen · Oertel + Spörer**
Postfach 16 42 · D-72706 Reutlingen

**OERTEL +SPÖRER**

# Zuverlässiger Begleithund

**Heike E. Wagner**

## Hunde erziehen

Der richtige Weg zum zuverlässigen Begleithund

200 Seiten, 43 Farb- und 20 SW-Abbildungen
15,2 × 21,5 cm, gebunden
ISBN 3-88627-**228**-1

Die verschiedenen Methoden, wie man sich mit dem Hund verständigen und sein Verhalten in die gewünschte Richtung steuern kann, werden vorgestellt. In Schritt-für-Schritt-Anleitungen werden alle wichtigen Lektionen der Hundeerziehung erklärt und mit zahlreichen Fotos dokumentiert. Ob der Hundeführer im Verein, auf dem Hundeplatz oder für sich allein seinen Hund erziehen und ausbilden möchte – in diesem Buch findet er die richtige Anleitung mit wertvollen Tipps und Hinweisen dazu.

Bestellen Sie bei Ihrer Buchhandlung!

**Verlagshaus Reutlingen · Oertel + Spörer**
Postfach 16 42 · D-72706 Reutlingen

**OERTEL +SPÖRER**